MANUEL DU CANDIDAT

A L'EMPLOI DE

PERCEPTEUR

SURNUMÉRAIRE

RÉDIGÉ CONFORMÉMENT AU PROGRAMME OFFICIEL

Réglé par arrêté ministériel du 3 octobre 1873

PAR

D. MILLET

CONTRÔLEUR PRINCIPAL DES CONTRIBUTIONS DIRECTES
PREMIER COMMIS DE DIRECTION

DEUXIÈME ÉDITION

PARIS

BERGER-LEVRAULT ET Cⁱᵉ, LIBRAIRES-ÉDITEURS

5, rue des Beaux-Arts, 5

MÊME MAISON A NANCY

1878

MANUEL DU CANDIDAT

PERCEPTEUR SURNUMÉRAIRE

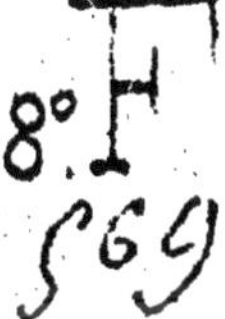

NANCY, IMPRIMERIE BERGER-LEVRAULT ET Cie

MANUEL DU CANDIDAT

A L'EMPLOI DE

PERCEPTEUR

SURNUMÉRAIRE

RÉDIGÉ CONFORMÉMENT AU PROGRAMME OFFICIEL

Réglé par l'arrêté ministériel du 3 octobre 1873

PAR

D. MILLET

CONTRÔLEUR PRINCIPAL DES CONTRIBUTIONS DIRECTES
PREMIER COMMIS DE DIRECTION

DEUXIÈME ÉDITION

PARIS

BERGER-LEVRAULT ET Cⁱᵉ, LIBRAIRES-ÉDITEURS

5, rue des Beaux-Arts, 5

MÊME MAISON A NANCY

1878

MANUEL
DU CANDIDAT

A L'EMPLOI DE

PERCEPTEUR SURNUMÉRAIRE

PREMIÈRE PARTIE

ARRÊTÉ MINISTÉRIEL

RÉGLANT LES CONDITIONS D'ADMISSION DES CANDIDATS A L'EMPLOI
DE PERCEPTEUR SURNUMÉRAIRE.

Le Ministre des finances,

Vu l'arrêté du 26 juillet 1873, concernant le recrutement des percepteurs surnuméraires;

Considérant qu'il importe de déterminer des règles précises pour l'admission des candidats à l'emploi de percepteur surnuméraire et d'uniformiser le programme d'examen,

ARRÊTE :

Art. 1er. — Les candidats qui se présenteront pour être admis au nombre des percepteurs surnuméraires devront subir un examen d'aptitude devant une commission composée ainsi qu'il suit :

Le préfet du département ou le secrétaire général de la préfecture, *président;*

Le trésorier-payeur général, *vice-président;*

Le directeur des contributions directes;

L'inspecteur d'académie ou un professeur de mathématiques du lycée;

Un chef de division ou de bureau de la préfecture, *secrétaire.*

Lorsque le préfet ou le secrétaire général ne pourront assister aux séances, la présidence appartiendra au trésorier général.

Art. 2. — Tout candidat devra avoir dix-huit ans accomplis et trente ans au plus; il devra, en outre, adresser au préfet une pétition rédigée et écrite par lui.

Il joindra à l'appui :

1° Une expédition de son acte de naissance;

2° Un certificat de bonne conduite délivré par le maire de la commune de sa résidence;

3° L'engagement pris par sa famille de subvenir à ses moyens d'existence pendant son surnumérariat.

Art. 3. — Le programme de l'examen d'admissibilité est divisé en deux parties :

1° Épreuves écrites;

2° Examen oral.

Les épreuves écrites se composeront de :

1° Une dictée;

2° Une composition française sur un sujet ayant trait soit à l'assiette de l'impôt direct, soit au service de la perception ou à celui des communes et établissements publics.

Il devra être tenu compte de l'écriture dans l'appréciation des deux compositions précédentes;

3° Un ploblème d'arithmétique élémentaire;

4° Un état ou tableau à dresser suivant un modèle donné par la commission.

L'examen oral, qui devra durer une demi-heure au moins pour chaque candidat, devra porter sur les points suivants :

Géographie de la France : division administrative, judiciaire, militaire et maritime.

Arithmétique élémentaire : quatre règles, système métrique, règles de proportion, calcul d'intérêt et d'escompte.

Bases de l'impôt en général et de l'assiette des contributions directes. — Impôts de répartition et de quotité. — Degrés de répartition. — Taxes assimilées. — Concours des percepteurs à la formation des rôles. — Cahier de notes. — Cotes indûment imposées et irrecouvrables. — Notions sommaires sur le cadastre. — Remise des avertissements et recouvrement des rôles, — Poursuites contre les contribuables. — Degrés de poursuites.

Notions élémentaires de comptabilité communale et hospitalière. — Budget. — Recettes ordinaires. — Recettes extraordinaires. — Perception des revenus. — Recouvrement et poursuites y relatives. — Dépenses obligatoires. — Dépenses facultatives. — Crédits, ordonnancement, paiement. — Emprunts des communes. — Différents modes de les contracter. — Compte de gestion. — Juridiction.

Art. 4. — Tout candidat dont les épreuves écrites n'auront pas été jugées satisfaisantes par la commission d'examen ne sera pas admis à passer les épreuves orales.

Art. 5. — La commission d'examen consignera dans un procès-verbal son opinion sur l'instruction et l'aptitude des candidats, et dressera, par ordre de mérite, une liste de ceux qui auront été reconnus admissibles. Le trésorier général adressera au préfet ses propositions pour la nomination des percepteurs surnuméraires, selon la règle tracée par l'arrêté susvisé du 26 juillet 1873.

Art. 6. — Le présent arrêté sera déposé au secrétariat général pour être notifié à qui de droit.

Fait à Paris, le 3 octobre 1873.

Signé : P. MAGNE.

PIÈCES A PRODUIRE PAR LES CANDIDATS

1° *Pétition au Préfet.*

Tout candidat, dit l'arrêté ministériel du 3 octobre 1873, doit adresser au préfet une pétition rédigée et écrite par lui.

Cette pétition doit être sur papier timbré de 60 centimes. L'écriture doit en être soignée; car une lettre mal écrite, adressée à un supérieur, est toujours une inconvenance. On peut lui donner la forme suivante :

A   , le

Monsieur le Préfet,

J'ai l'honneur de vous prier de vouloir bien m'admettre, pour le prochain concours, au nombre des candidats à l'emploi de percepteur surnuméraire.

Veuillez agréer,

Monsieur le Préfet,

l'hommage de mon profond respect.

(Signer lisiblement et indiquer son adresse.)

PIÈCES A JOINDRE :

1° Acte de naissance;
2° Certificat de bonne conduite;
3° Engagement pris par la famille.

2° *Expédition de l'acte de naissance.*

On peut se procurer une expédition de son acte de naissance à la mairie de la commune où l'on est né. Cette expédition, qui doit être légalisée par le président du tribunal de première instance ou par le juge qui le remplace, est délivrée sur papier timbré à 1 fr. 80 c., moyennant un droit qui varie, suivant les communes, de 30 à 75 centimes.

3° *Certificat de bonne conduite.*

Ce certificat est délivré par le maire de la commune où l'on réside. Il doit être sur papier timbré de 60 centimes.

4° *Engagement pris par la famille.*

Cet engagement, qui doit être sur papier timbré de 60 centimes, consiste en une simple déclaration par laquelle les père et mère, tuteur ou curateur du candidat, s'engagent à subvenir à ses moyens d'existence pendant la durée de son surnumérariat. Cette pièce doit être datée et signée, et les signatures doivent être légalisées par le maire.

Lorsque le candidat aura réuni toutes les pièces nécessaires, il les joindra à sa pétition et fera parvenir le tout, sous enveloppe cachetée, à l'adresse du préfet, au secrétariat de la préfecture.

CONSEILS POUR LES ÉPREUVES ÉCRITES

1° *Dictée.*

Quelque connaissance qu'on se suppose des règles de la grammaire française, une dictée est souvent un écueil; il est donc bon de se préparer d'avance à cette épreuve. Nous recommandons particulièrement, pour cette préparation, l'*Aide-mémoire d'orthographe,* par *Clouzet,* et la *Petite épreuve offerte à ceux qui croient savoir l'orthographe,* par le même auteur. On peut se procurer ces deux opuscules au prix de 75 centimes le premier, et 30 centimes le second, à la librairie Mullo, rue Saint-André-des-Arts, 60, à Paris, et chez tous les libraires.

2° *Composition française.*

La composition française peut consister en une lettre, un rapport ou un exposé ayant trait soit à l'assiette de l'impôt direct, soit au service de la perception ou à celui des communes.

S'il s'agit d'un simple exposé, comme par exemple celui de la théorie de l'impôt ou des questions générales qui s'y rattachent, la partie de ce manuel qui est relative à l'examen oral, donnera une idée de la forme littéraire qui convient à ces sortes d'exercices.

Pour ce qui est des lettres et des rapports, nous

donnerons quelques conseils. Il est d'usage qu'une lettre ou un rapport débutent par l'exposé de l'affaire qui doit y être traitée, ou que la lettre, si c'est une réponse, rappelle en quelques mots l'objet de la demande. Le style doit être simple, clair et concis. On est simple quand on emploie le mot propre, sans recherche, comme sans trivialité ; on est presque toujours clair lorsqu'on va droit au but et que l'on est bien pénétré de son sujet, en un mot quand on conçoit bien ce que l'on veut dire ; enfin, on est concis, quand on ne dit rien qui soit dépourvu de sens et inutile. De plus, il faut être complet ; mais on peut être complet sans être long, et le mérite d'un rapport ne se mesure pas à son développement.

Une lettre se termine toujours par une formule de politesse qu'on appelle le *salut*. A part la question de tact et de convenance qui doit guider celui qui écrit, selon les circonstances, le salut doit toujours être *respectueux* quand on s'adresse à un supérieur.

N'oublions pas non plus que la commission d'examen doit tenir compte de l'écriture dans l'appréciation des deux compositions précédentes.

3° *Problème.*

Dans nos éléments d'arithmétique, nous avons introduit des problèmes de la nature de ceux qui peuvent être donnés au concours. Nous ne pouvons qu'engager le lecteur à s'exercer à en composer et à en résoudre de semblables. Nous ferons toutefois une observation qui paraîtra peut-être banale par sa simplicité, c'est que la plupart du temps on n'arrive pas à la solution d'un problème *parce qu'on perd de vue ce que l'on cherche.* Quand on a toujours le but devant les yeux, il est bien rare qu'on ne trouve pas les moyens d'y arriver.

4° *Formation d'un état.*

Cette épreuve consiste à reproduire un modèle imprimé d'état ou de tableau en usage dans les services administratifs. Il faut une certaine habitude pour exécuter convenablement ce travail; aussi conseillerons-nous aux candidats de s'y exercer. Voici toutefois quelques indications pratiques de nature à faciliter la formation d'un cadre ou tableau.

Supposons que le modèle donné soit le suivant :

NOMS des CONTRIBUABLES.	MONTANT DES COTISATIONS				TOTAL.
	foncière.	personnelle mobilière.	portes et fenêtres.	patentes.	

On appliquera le modèle sur une feuille de papier de même format. Avec une épingle, on le piquera en *a, b, c, d,* etc., de manière à le traverser. On enlèvera ensuite le modèle; au moyen d'une règle et d'un crayon on réunira les traces des piqûres; et lorsqu'on sera sûr de la parfaite ressemblance de la copie, on passera à l'encre et on fera les écritures.

DEUXIÈME PARTIE

GÉOGRAPHIE ADMINISTRATIVE DE LA FRANCE

GÉNÉRALITÉS

La France, comprise dans la région appelée *Gaule* par les anciens, est un des cinq grands États de l'Europe, dont elle forme la partie occidentale. Elle a pour limites : au nord, la mer du Nord et la Manche ; à l'ouest, le golfe de Gascogne (enfoncement de l'océan Atlantique); au sud, la mer Méditerranée et les Pyrénées; à l'est, les Alpes, le Jura, les Vosges, et une ligne conventionnelle qui part du mont Donon (Vosges) et aboutit au nord de Dunkerque, séparant le territoire français de l'Allemagne, du grand-duché de Luxembourg et de la Belgique. Avant le traité de Francfort, qui a mis fin à la malheureuse guerre de 1870-1871, le Rhin formait la frontière de la France, de Bâle au confluent de la Lauter, d'où partait la ligne conventionnelle établie par les traités de 1815.

Les États qui environnent la France sont : au

nord, l'Angleterre; au nord-est, la Belgique et l'Allemagne; à l'est, l'Allemagne, la Suisse et l'Italie; au sud, l'Espagne.

La France s'étend du 42e degré au 51e degré de latitude nord, et du 5e degré de longitude est au 7e degré de longitude ouest. Sa forme générale est celle d'un hexagone, c'est-à-dire d'une figure à six côtés, dont trois sont tournés vers la mer et trois vers la terre, à peu près égaux en longueur.

La plus grande dimension de la France du nord au sud (de Dunkerque au cap Cerbère) est d'environ 980 kilomètres; celle de l'est à l'ouest (des Vosges à la pointe de Corsen) est de 875 kilomètres.

Sa superficie est, avec l'île de Corse, de 528,000 kilomètres carrés (52,800,000 hectares). Elle était, en 1870, de 543,000 kilomètres carrés (54,300,000 hectares). Le développement de ses côtes est de 2,400 kilomètres; celui de ses limites continentales, à peu près le même.

Sa population, qui était de 38 millions d'habitants en 1870, n'est plus aujourd'hui que de 36,301,000 habitants.

La France est le centre et comme le cœur de l'Europe occidentale : Londres est à 4 heures de la frontière et à 10 heures de Paris; Bruxelles, à 2 et à 7; La Haye, à 8 et à 15; Berne, à 3 et à 15; les autres capitales sont plus éloignées, mais elles sont

toutes reliées directement à Paris par les chemins
de fer : Berlin est à 28 heures de Paris; Vienne,
à 36; Madrid, à 28; Rome, à 45. La France jouit
d'un climat tempéré (12° $^1/_2$ en moyenne), ses pro-
ductions sont variées, le sol en est fertile, la population homogène; elle réunit, en un mot, tous les éléments de prospérité qui contribuent à la grandeur
des nations.

GOUVERNEMENT

Le gouvernement de la France se compose d'un
pouvoir exécutif et d'un pouvoir législatif. Le premier est exercé par un président de la République,
assisté de ministres; le second, par deux chambres :
l'Assemblée nationale et le Sénat.

ADMINISTRATION

Au-dessous du Gouvernement vient l'*Administration*, c'est-à-dire l'ensemble des fonctionnaires qui
dirigent les diverses branches du service public.

Administration civile ou politique.

Avant 1789, la France était divisée en 32 pro-
vinces. L'un des premiers actes de la Révolution fut
de supprimer cette organisation, qui formait de la
France une agglomération d'États, et de créer à la
place 83 départements dont les noms furent empruntés

à des circonstances physiques. L'unité française fut alors créée.

Actuellement la France est divisée en 86 départements. Elle en comptait 89 avant la guerre de 1870-1871, qui nous a enlevé le Haut-Rhin, le Bas-Rhin, une grande partie de la Moselle, une partie de la Meurthe et des Vosges. L'arrondissement de Briey (Moselle), demeuré français, a été réuni au département de la Meurthe et forme le nouveau département de *Meurthe-et-Moselle*. Le territoire de Belfort, seule portion qui nous reste du Haut-Rhin, n'est rattaché à aucun département.

La *commune* représente, dans la division territoriale et dans l'organisation administrative, l'unité élémentaire. Elle comprend soit une ville, soit un ou plusieurs villages. Lorsqu'elle ne contient pas au moins 2,000 habitants, on lui donne le nom de *commune rurale*; lorsqu'elle en contient davantage, on l'appelle *commune urbaine*. Il y a en France 35,989 communes.

A la tête de chaque commune est un *maire*, assisté d'un ou de plusieurs *adjoints*. Un *conseil municipal* électif est placé à côté du maire pour éclairer et contrôler son administration.

Paris a une administration particulière.

Immédiatement au-dessus de la commune vient le *canton*, qui ne forme pas aujourd'hui un groupe administratif, à proprement parler, mais qui sert de base aux élections et au recrutement. Le canton est surtout une circonscription judiciaire. Il y a en France 2,865 cantons.

Puis vient l'*arrondissement*, qui comprend plusieurs cantons et qui est administré par un *sous-préfet* (à l'exception de l'arrondissement de la préfecture, qui est directement administré par le préfet). Le chef-lieu de l'arrondissement porte le nom de *sous-préfecture*. Le sous-préfet est assisté d'un *conseil d'arrondissement*, composé d'autant de membres qu'il y a de cantons, sans qu'il puisse y en avoir moins de neuf. Le conseil d'arrondissement répartit les contributions directes entre les communes de l'arrondissement et émet des vœux. Il y a en France 362 arrondissements.

La réunion de plusieurs arrondissements forme le *département*, unité générale placée entre l'État et la commune et administrée par un *préfet*. Le chef-lieu du département porte le nom de *préfecture*. Le préfet est assisté de deux conseils : 1° le *conseil de préfecture*, qui est chargé du contentieux administratif; 2° le *conseil général*, élu par le suffrage universel et composé d'autant de membres qu'il y a de cantons dans le département : il vote le budget départemental, répartit les contributions directes entre les arrondissements et nomme une *commission de permanence* qui siége auprès du préfet dans l'intervalle des sessions du conseil général.

Le préfet est nommé par le Gouvernement ; il représente ce dernier, fait exécuter les lois et les ordres des ministres, maintient l'ordre et surveille toutes les parties de l'administration. Le sous-préfet, nommé comme lui par le Gouvernement, est placé sous ses ordres et jouit, dans une certaine mesure, des mêmes pouvoirs et des mêmes attributions.

Il y a aussi, dans chaque préfecture, un *secrétaire général* nommé par le Gouvernement et spécialement préposé à la garde des archives et au contre-seing des expéditions.

L'ensemble des fonctionnaires qui dirigent les diverses branches de l'administration civile ou politique dépend du ministère de l'intérieur.

TABLEAU des 86 départements et des 362 arrondissements.

Les chefs-lieux de département, dans la seconde colonne, sont en PETITES CAPITALES, et les sous-préfectures en romain ordinaire.

DÉPARTEMENTS.	ARRONDISSEMENTS.
Ain	BOURG, Belley, Gex, Nantua, Trévoux.
Aisne	LAON, Château-Thierry, Saint-Quentin, Soissons, Vervins.
Allier	MOULINS, Gannat, La Palisse, Montluçon.
Alpes (Basses-)	DIGNE, Barcelonnette, Castellano, Forcalquier, Sisteron.
Alpes (Hautes-)	GAP, Briançon, Embrun.
Alpes-Maritimes	NICE, Grasse, Puget-Théniers.
Ardèche	PRIVAS, Largentière, Tournon.
Ardennes	MÉZIÈRES, Rethel, Rocroy, Sedan, Vouziers.

DÉPARTEMENTS.	ARRONDISSEMENTS.
Ariége	Foix, Pamiers, Saint-Girons.
Aube	Troyes, Arcis-sur-Aube, Bar-sur-Aube, Bar-sur-Seine, Nogent-sur-Seine.
Aude	Carcassonne, Castelnaudary, Limoux, Narbonne.
Aveyron	Rodez, Espalion, Milhau, Saint-Affrique, Villefranche.
Bouches-du-Rhône	Marseille, Aix, Arles.
Calvados	Caen, Bayeux, Falaise, Lisieux, Pont-l'Évêque, Vire.
Cantal	Aurillac, Mauriac, Murat, Saint-Flour.
Charente	Angoulème, Barbezieux, Cognac, Confolens, Ruffec.
Charente-Inférieure	La Rochelle, Jonzac, Marennes, Rochefort, Saintes, Saint-Jean-d'Angely.
Cher	Bourges, Saint-Amand, Sancerre.
Corrèze	Tulle, Brive, Ussel.
Corse	Ajaccio, Bastia, Calvi, Corte, Sartène.
Côte-d'Or	Dijon, Beaune, Châtillon-sur-Seine, Semur.
Côtes-du-Nord	Saint-Brieuc, Dinan, Guingamp, Lannion, Loudéac.
Creuse	Guéret, Aubusson, Bourganeuf, Boussac.
Dordogne	Périgueux, Bergerac, Nontron, Ribérac, Sarlat.
Doubs	Besançon, Baume-les-Dames, Montbéliard, Pontarlier.
Drôme	Valence, Die, Montélimart, Nyons.
Eure	Évreux, Les Andelys, Bernay, Louviers, Pont-Audemer.
Eure-et-Loir	Chartres, Châteaudun, Dreux, Nogent-le-Rotrou.
Finistère	Quimper, Brest, Châteaulin, Morlaix, Quimperlé.
Gard	Nimes, Alais, Uzès, Le Vigan.
Garonne (Haute-)	Toulouse, Muret, Saint-Gaudens, Villefranche.
Gers	Auch, Condom, Lectoure, Lombez, Mirande.
Gironde	Bordeaux, Bazas, Blaye, La Réole, Lesparre, Libourne.
Hérault	Montpellier, Béziers, Lodève, Saint-Pons.
Ille-et-Vilaine	Rennes, Fougères, Montfort, Redon, Saint-Malo, Vitré.
Indre	Chateauroux, Le Blanc, Issoudun, La Châtre.
Indre-et-Loire	Tours, Chinon, Loches.
Isère	Grenoble, La Tour-du-Pin, Saint-Marcellin, Vienne.
Jura	Lons-le-Saunier, Dôle, Poligny, Saint-Claude.

DÉPARTEMENTS.	ARRONDISSEMENTS.
Landes	MONT-DE-MARSAN, Dax, Saint-Sever.
Loir-et-Cher.	BLOIS, Romorantin, Vendôme.
Loire.	SAINT-ÉTIENNE, Montbrison, Roanne.
Loire (Haute-).	LE PUY, Brioude, Yssingeaux.
Loire-Inférieure.	NANTES, Ancenis, Châteaubriant, Paim-bœuf, Saint-Nazaire.
Loiret.	ORLÉANS, Gien, Montargis, Pithiviers.
Lot.	CAHORS, Figeac, Gourdon.
Lot-et-Garonne	AGEN, Marmande, Nérac, Villeneuve.
Lozère	MENDE, Florac, Marvejols.
Maine-et-Loire	ANGERS, Beaugé, Cholet, Saumur, Segré.
Manche.	SAINT-LÔ, Avranches, Cherbourg, Coutan-ces, Mortain, Valognes.
Marne	CHALONS, Épernay, Reims, Sainte-Mene-hould, Vitry-le-François.
Marne (Haute-)	CHAUMONT, Langres, Vassy.
Mayenne	LAVAL, Château-Gontier, Mayenne.
Meurthe-et-Moselle . . .	NANCY, Briey, Lunéville, Toul (Château-Salins et Sarrebourg, du département de la Meurthe, cédés à l'Allemagne).
Meuse	BAR-LE-DUC, Commercy, Montmédy, Ver-dun.
Morbihan.	VANNES, Lorient, Ploërmel, Pontivy.
(Moselle, ancien départ.) . .	Partie cédée à l'Allemagne : Metz, Sarre-guemines, Thionville.
Nièvre	NEVERS, Château-Chinon, Clamecy, Cosne.
Nord.	LILLE, Avesnes, Cambrai, Douai, Dun-kerque, Hazebrouck, Valenciennes.
Oise	BEAUVAIS, Clermont, Compiègne, Senlis.
Orne	ALENÇON, Argentan, Domfront, Mortagne.
Pas-de-Calais	ARRAS, Béthune, Boulogne, Montreuil, Saint-Omer, Saint-Pol.
Puy-de-Dôme	CLERMONT-FERRAND, Ambert, Issoire, Riom, Thiers.
Pyrénées (Basses-)	PAU, Bayonne, Mauléon, Oloron, Orthez.
Pyrénées (Hautes-)	TARBES, Argelès, Bagnères.
Pyrénées-Orientales. . . .	PERPIGNAN, Céret, Prades.
(Bas-Rhin, ancien départ.). .	Tous les arrondissements cédés : Strasbourg, Saverne, Schlestadt, Wissembourg.
(Haut-Rhin, ancien départ.) .	Arrondissements cédés : Colmar, Mulhouse; Belfort, chef-lieu d'arrondissement, laissé à la France.
Rhône	LYON, Villefranche.
Saône (Haute-)	VESOUL, Gray, Lure.
Saône-et-Loire.	MACON, Autun, Châlon, Charolles, Lou-hans.
Sarthe	LE MANS, La Flèche, Mamers, Saint-Ca-lais.
Savoie	CHAMBÉRY, Albertville, Moutiers, Saint-Jean-de-Maurienne.
Savoie (Haute-)	ANNECY, Bonneville, Saint-Julien, Thonon.
Seine.	PARIS, Saint-Denis, Sceaux.

DÉPARTEMENTS.	ARRONDISSEMENTS.
Seine-et-Marne	MELUN, Coulommiers, Fontainebleau, Meaux, Provins.
Seine-et-Oise	VERSAILLES, Corbeil, Étampes, Mantes, Pontoise, Rambouillet.
Seine-Inférieure.	ROUEN, Dieppe, Le Havre, Neufchâtel, Yvetot.
Sèvres (Deux-)	NIORT, Bressuire, Melle, Parthenay.
Somme.	AMIENS, Abbeville, Doullens, Montdidier, Péronne.
Tarn.	ALBY, Castres, Gaillac, Lavaur.
Tarn-et-Garonne	MONTAUBAN, Castel-Sarrasin, Moissac.
Var.	DRAGUIGNAN, Brignoles, Toulon.
Vaucluse.	AVIGNON, Apt, Carpentras, Orange.
Vendée.	LA-ROCHE-SUR-YON, Fontenay-le-Comte, Les Sables-d'Olonne.
Vienne	POITIERS, Châtellerault, Civray, Loudun, Montmorillon.
Vienne (Haute-)	LIMOGES, Bellac, Rochechouart, Saint-Yrieix.
Vosges	ÉPINAL, Mirecourt, Neufchâteau, Remiremont, Saint-Dié.
Yonne	AUXERRE, Avallon, Joigny, Sens, Tonnerre.

Finances.

Le *budget de l'État* est voté chaque année par l'Assemblée nationale, le *budget départemental* par le conseil général de chaque département, et le *budget communal* par le conseil municipal de chaque commune.

Dépenses. — Les dépenses de l'État sont ainsi réparties :

Dette publique et dotations.	1,350 millions.
Ministère de la justice	33 —
Ministre des affaires étrangères.	12 —
Ministère de l'intérieur.	65 —
Ministère des finances.	70 —
A reporter	1,530 millions.

Report	1,630	millions.
Ministère de la guerre	431	—
Ministère de la marine et des colonies	111	—
Ministère de l'instruction publique, des cultes et des beaux-arts	91	—
Ministère de l'agriculture et du commerce	15	—
Ministère des travaux publics	83	—
Gouvernement civil de l'Algérie	15	—
Total du service ordinaire	2,312	millions.
Dépenses extraordinaires	70	—
Total général des dépenses	2,382	millions.

Recettes. — Les recettes de l'État proviennent des ressources suivantes :

Contributions directes	340	millions.
Enregistrement, timbre et domaine	576	—
Produit des forêts	63	—
Douanes et sels	239	—
Contributions indirectes	876	—
Postes	114	—
Divers revenus (télégraphie, universités, produits de l'Algérie, retenue des pensions civiles)	51	—
Produits divers (brevets d'invention, élèves des écoles, retenue de solde des officiers, etc.)	27	—
Total des voies et moyens ordinaires	2,286	millions.
Ressources extraordinaires (excédant de l'année précédente, vente de rentes, etc.), en moyenne	50	—
Total	2,336	millions.

Au ministère des finances se rattachent les services suivants :

.TRÉSORERIE. — Dans chaque chef-lieu de département il y a un *trésorier-payeur général* chargé de centraliser tous les fonds publics et d'assurer le service du Trésor. Il est chef de service de toute la perception des contributions directes ; les receveurs particuliers, les percepteurs, les receveurs municipaux et des établissements de bienfaisance sont placés sous ses ordres, et il est responsable de la gestion du plus grand nombre de ces fonctionnaires, qu'il dirige dans l'exécution des lois et règlements qui ont pour objet le recouvrement de l'impôt direct et l'application de son produit au service du Trésor. Les trésoriers généraux ont pour chef, à Paris, le Directeur général de la comptabilité publique.

CONTRIBUTIONS DIRECTES. — La direction générale des contributions directes a à sa tête un directeur et deux administrateurs, et fait agir, au dehors, le personnel des directeurs, des inspecteurs et des contrôleurs de chaque département.

ENREGISTREMENT, DOMAINE ET TIMBRE. — Le directeur général est assisté d'un conseil et de quatre administrateurs, d'un conseil judiciaire pour le contentieux, et d'officiers et agents divers (avocats, avoués, notaires, agents de change, architectes). Un directeur et un inspecteur siégent au chef-lieu de chaque département, où fonctionnent encore des vérificateurs. Au chef-lieu de chaque département et de chaque arrondissement, il y a un conservateur des hypothèques, et au chef-lieu de chaque canton, il y a un receveur de l'enregistrement.

DOUANES ET CONTRIBUTIONS INDIRECTES. — Cinq administrateurs forment le conseil du directeur général, à Paris. Il y a, dans les départements, des directions mixtes et des directions spéciales avec directeur, inspecteurs, sous-inspecteurs, receveurs principaux, receveurs et entreposeurs. Le service des tabacs dépend des contributions indirectes.

POSTES. — La direction générale des postes compte trois administrateurs, conseillers du directeur général. L'administration départementale comprend un directeur, résidant au chef-lieu de département, et ayant sous ses ordres des receveurs d'arrondissement et des receveurs ou distributeurs de bureaux simples.

FORÊTS. — Les forêts occupent en France un sixième du territoire (8 millions d'hectares environ). La plus grande partie des forêts appartient à l'État. Elles sont placées sous la surveillance d'une administration spéciale qui a à sa tête un directeur général assisté de deux administrateurs. Elle comprend 32 arrondissements forestiers ou *conservations*, qui n'embrassent qu'un seul département dans les régions très-boisées de l'Est, et plusieurs départements dans les autres parties de la France. Chaque conservation renferme un nombreux personnel d'inspecteurs, de sous-inspecteurs et de gardes généraux. Enfin, une *École forestière* est établie à *Nancy*, au centre même de la région la plus boisée de notre pays.

COUR DES COMPTES. — C'est encore au ministère des finances que pourrait se rattacher la *Cour des comptes,* bien qu'elle jouisse en quelque sorte d'une existence indépendante.

La Cour des comptes a des attributions de juridiction et de contrôle.

Elle n'exerce ses attributions *de juridiction* que sur les comptables en deniers. Elle statue en premier et dernier ressort sur leurs comptes; toutefois elle ne vient qu'en appel des conseils de préfecture sur les comptes des communes et établissements publics n'excédant pas 30,000 fr. de revenus.

Elle examine : 1° si les recettes portées sur les états sont rentrées; 2° si les dépenses ont été faites et acquittées valablement.

Elle prononce que le comptable est quitte, en débet ou en avance.

Elle exerce un *contrôle :*

1° Sur les ordonnateurs, en examinant si leurs comptes sont conformes à ceux présentés par les ministres; 2° sur les comptables en matières, en examinant également si leurs comptes sont conformes à ceux des ministres.

A la suite de ces examens, la Cour prononce des déclarations générales de conformité.

Travaux publics.

Chaque communauté (communes, départements ou État) possède des propriétés, et se charge de la construction et de l'entretien des routes, des canaux, etc. Plusieurs administrations ont été créées pour la direction de ces services. Ce sont :

PONTS ET CHAUSSÉES. — Au chef-lieu de chaque département est établi le bureau de l'*ingénieur en chef des ponts et chaussées*, sous les ordres duquel sont placés plusieurs *ingénieurs ordinaires* (un, en général, par arrondissement), ayant sous leurs ordres des *conducteurs*. A cette administration est attribué le service des routes nationales et départementales. Quant au service des chemins vicinaux et de grande communication, il est confié, sous l'autorité du préfet, à des *agents voyers* de canton et d'arrondissement, dépendant d'un agent voyer en chef. Le conseil général est libre de confier aux agents voyers le service des routes départementales.

En outre, dans certains départements, le régime des eaux (usines, irrigations, drainage, dessèchement) est confié, lorsqu'il est important, à un ingénieur particulier. Chaque grand cours d'eau navigable, chaque canal a un ingénieur en chef, assisté d'ingénieurs ordinaires et de conducteurs. Les ports ont des ingénieurs des travaux maritimes, chargés du soin des phares, des balises. Les chemins de fer ont aussi leurs ingénieurs. Les ingénieurs sont subordonnés à des *inspecteurs*. Il y a en France 18 inspections.

MINES. — L'administration des mines comprend 18 arrondissements ayant chacun un ingénieur en chef assisté d'ingénieurs ordinaires et de gardes-mines, et groupés en 5 divisions (nord-ouest, nord-est, sud-est, sud-ouest, centre). A la tête de chaque division est un inspecteur général.

Télégraphes.

Dans chaque chef-lieu de département réside un *inspecteur* qui dirige les bureaux ou stations. Les départements sont groupés en 8 inspections divisionnaires. Dans plusieurs ports il existe un service électro-sémaphorique pour communiquer avec les navires en rade. Les lignes télégraphiques s'étendent sur plus de 80,000 kilomètres et expédient plus de 3 millions de dépêches chaque année.

Cultes.

Il y a trois cultes reconnus par l'État et entretenus à ses frais, ce sont : le culte *catholique*, qui est celui de la majorité de la nation (35 millions), le culte *protestant* (1,100,000) et le culte *israélite* (60,000).

CULTE CATHOLIQUE. — La *paroisse* est l'unité de circonscription religieuse dans le culte catholique. Elle est desservie par un *curé*, quelquefois assisté de *vicaires*. Au-dessus du curé est l'*évêque*, préposé à un *évêché* ou *diocèse*. L'*archevêque* est préposé à une province ecclésiastique ou *archevêché* comprenant plusieurs diocèses d'évêques, ses suffragants. Les évêques et archevêques sont nommés par le Gouvernement et institués par le Pape; ils sont assistés de *vicaires généraux* et de *chanoines* dont la réunion forme le *chapitre*, qui est le véritable conseil de l'évêque.

Le *cardinalat* est une dignité de la cour pontificale, conférée exclusivement par le Pape; elle ne donne en France qu'un rang d'honneur, mais aucune autorité religieuse particulière à ceux qui en sont investis.

Il y a en France 17 archevêchés et 67 évêchés suffragants dans 67 diocèses. Avec les 17 diocèses administrés par les archevêques, on compte donc 84 diocèses. Il y a, en outre, 175 vicaires généraux, 600 chanoines, 3,000 curés, 28,000 desservants et 6,500 vicaires.

TABLEAU des 17 archevêchés et des 67 évêchés suffragants.

NOMS des archevêchés.	ÉVÊCHÉS SUFFRAGANTS.
Aix	Ajaccio, Digne, Fréjus, Gap, Marseille, Nice.
Albi	Cahors, Mende, Perpignan, Rodez.
Auch	Aire, Bayonne, Tarbes.
Avignon	Montpellier, Nîmes, Valence, Viviers.
Besançon	Belley, Nancy, Saint-Dié, Verdun.
Bordeaux	Agen, Angoulême, La Rochelle, Luçon, Périgueux, Poitiers.

NOMS DES ARCHEVÊCHÉS.	ÉVÊCHÉS SUFFRAGANTS.
Bourges.	Clermont-Ferrand, Limoges, Le Puy, Saint-Flour, Tulle.
Cambrai	Arras.
Chambéry	Annecy, Moutiers-en-Tarantaise, Saint-Jean-de-Maurienne.
Lyon	Autun, Dijon, Grenoble, Langres, Saint-Claude.
Paris	Blois, Chartres, Meaux, Orléans, Versailles.
Reims.	Amiens, Beauvais, Châlons-sur-Marne, Soissons.
Rennes	Quimper, Saint-Brieuc, Vannes.
Rouen.	Bayeux, Coutances, Évreux, Séez.
Sens.	Moulins, Nevers, Troyes.
Toulouse	Carcassonne, Montauban, Pamiers.
Tours	Angers, Laval, Le Mans, Nantes.

CULTE PROTESTANT. — Le protestantisme se présente sous deux formes : la *Communion luthérienne* ou *Confession d'Ausbourg*, et la *Communion réformée* ou *calviniste*. Les ministres de l'un et de l'autre culte sont appelés *pasteurs*. L'autorité suprême est le *consistoire supérieur* pour les luthériens, et le *conseil central des Églises réformées*, à Paris, pour les calvinistes. On compte environ 550 pasteurs.

Les luthériens sont répandus dans le Doubs, et les calvinistes à Paris, dans le Gard, la Lozère, le Tarn-et-Garonne et les deux Charentes.

CULTE ISRAÉLITE. — Il est dirigé dans chaque *synagogue* par un *rabbin* et par des ministres, sous l'autorité de *consistoires départementaux* que surveille *le consistoire central* de Paris, présidé par le *grand rabbin*. On compte environ 50 rabbins et 60 ministres. Il y a des synagogues à Paris, Nancy, Bordeaux et Marseille.

Instruction publique.

Les divisions territoriales de l'instruction publique s'appellent *Académies*; il y en a 16, dont chacune est administrée par un *recteur* assisté d'un *conseil académique* choisi par le ministre de l'instruction publique; le recteur a sous lui un *inspecteur d'académie* dans chaque département, et un *inspecteur de l'instruction primaire* dans chaque arrondissement.

TABLEAU des 16 Académies.

SIÉGES des académies.	DÉPARTEMENTS COMPRIS DANS LES ACADÉMIES.
Aix	Basses-Alpes, Alpes-Maritimes, Bouches-du-Rhône, Corse, Var, Vaucluse.
Besançon	Doubs, Jura, Haute-Saône, Belfort.
Bordeaux	Dordogne, Gironde, Landes, Lot-et-Garonne, Basses-Pyrénées.
Caen	Calvados, Eure, Manche, Orne, Sarthe, Seine-Inférieure.
Chambéry	Savoie, Haute-Savoie.
Clermont-Ferrand	Allier, Cantal, Corrèze, Creuse, Haute-Loire, Puy-de-Dôme.
Dijon	Aube, Côte-d'Or, Haute-Marne, Nièvre, Yonne.
Douai	Aisne, Ardennes, Nord, Pas-de-Calais, Somme.
Grenoble	Hautes-Alpes, Ardèche, Drôme, Isère.
Lyon	Ain, Loire, Rhône, Saône-et-Loire.
Montpellier	Aude, Gard, Hérault, Lozère, Pyrénées-Orientales.
Nancy	Meurthe-et-Moselle, Meuse, Vosges.
Paris	Cher, Eure-et-Loir, Loir-et-Cher, Loiret, Marne, Oise, Seine, Seine-et-Marne, Seine-et-Oise.
Poitiers	Charente, Charente-Inférieure, Indre, Indre-et-Loire, Vendée, Deux-Sèvres, Vienne, Haute-Vienne.
Rennes	Côtes-du-Nord, Finistère, Ille-et-Vilaine, Loire-Inférieure, Maine-et-Loire, Mayenne, Morbihan.
Toulouse	Ariége, Aveyron, Haute-Garonne, Gers, Lot, Hautes-Pyrénées, Tarn, Tarn-et-Garonne.

Les divers fonctionnaires de l'Académie surveillent les trois sortes d'enseignements entre lesquels se partagent l'instruction publique : enseignement *primaire*, enseignement *secondaire*, enseignement *supérieur*.

ENSEIGNEMENT PRIMAIRE. — L'enseignement primaire est donné dans les *écoles communales* dirigées par des instituteurs ou des institutrices laïques, ou par des membres de congrégations religieuses vouées à l'enseignement. On compte environ 4 millions d'écoliers répartis entre 38,000 écoles publiques et 31,000 écoles libres de garçons, 14,000 écoles publiques et 13,000 écoles libres de filles.

ENSEIGNEMENT SECONDAIRE. — L'enseignement secondaire est donné dans les *lycées*, établissements de l'État au nombre de 74 et contenant plus de 20,000 élèves; il est donné aussi dans les *colléges communaux*, établis aux frais des villes (250 renfermant 25,000 élèves); dans les *petits séminaires*, fondés par le clergé; enfin, dans les *pensions et institutions* libres.

Les professeurs destinés à donner cet enseignement dans les établissements publics, sont formés à l'*École normale supérieure* de Paris.

Dans les lycées et les colléges communaux, à côté de l'enseignement *classique*, c'est-à-dire de celui qui a pour base les langues anciennes, on a créé l'enseignement *secondaire spécial* à l'usage des jeunes gens qui veulent se consacrer aux carrières commerciales et industrielles; l'étude des langues vivantes y remplace celle des langues anciennes. Les professeurs de cet enseignement sortent de l'*École normale de Cluny* (Saône-et-Loire).

ENSEIGNEMENT SUPÉRIEUR. — L'enseignement supérieur est donné dans les *Facultés*, savoir : les cinq *Facultés de médecine* établies à Paris, à Montpellier, Nancy, Lyon et Bordeaux; les six *Facultés de théologie* catholique à Paris, Rouen, Lyon, Aix, Bordeaux et Toulouse; la Faculté de théologie protestante de Montauban pour les calvinistes; les dix *Facultés de droit* à Paris, Rennes, Caen, Douai, Nancy, Dijon, Grenoble, Aix, Toulouse et Poitiers, enfin les quinze *Facultés des lettres et des sciences* établies dans chaque Académie (Chambéry excepté) et au chef-lieu, hormis les Facultés des sciences des Académies d'Aix et de Douai, établies à Marseille et à Lille.

ÉCOLES SPÉCIALES. — A l'instruction publique se rattachent les *Écoles spéciales*, qui sont, à Paris : l'*École polytechnique*, qui fournit des officiers et des ingénieurs; l'*École centrale des arts et manufactures*, pour ingénieurs civils; l'*École des chartes*, pour archivistes paléographes; l'*École des beaux-arts*, pour peintres, sculpteurs et architectes; le *Conservatoire de musique et de déclamation*, pour artistes dramatiques et musiciens; l'*École des langues orientales vivantes*. Hors de Paris, on trouve 3 *Écoles d'arts et métiers* [Châlons-sur-Marne, Angers, Aix]; 3 *Écoles d'agriculture* [Grand-Jouan (Loire-Inférieure), Grignon (Seine-et-Oise) et la Saulsaie (Ain)]; l'*École des mineurs* de Saint-Étienne; l'*École des maîtres-ouvriers mineurs* d'Alais; 3 *Écoles vétérinaires*, à Alfort (Seine), Lyon et Toulouse.

Justice.

Pour l'administration judiciaire, on a créé une division du territoire intermédiaire entre la commune et l'arrondissement, c'est le *canton*; la plupart comprennent plusieurs communes; au contraire, le territoire des grandes villes est partagé en plusieurs cantons. Au chef-lieu de chaque canton siége un *juge de paix*, chargé de concilier s'il le peut, puis de juger sans appel les affaires dont la valeur n'excède pas 100 francs, et avec appel au tribunal civil les affaires dont la valeur est comprise entre 100 et 1,500 francs au maximum.

Le *tribunal civil* ou de *première instance*, établi au chef-lieu de chaque arrondissement, juge en dernier ressort les appels des juges de paix et aussi les affaires supérieures à 1,500 francs; il rend aussi la *justice correctionnelle*, c'est-à-dire qu'il punit les *délits* ou les infractions aux lois qui n'entraînent que des amendes ou une peine de cinq ans au plus d'emprisonnement.

Les fautes graves qualifiées *crimes* et punies de la détention, de la déportation, des travaux forcés ou de la mort, sont jugées par les *cours d'assises*, juridiction purement criminelle, mais temporaire, qui se tient quatre fois par an et d'ordinaire au chef-lieu du département. Le *verdict*, c'est-à-dire la question de savoir si l'accusé est innocent ou coupable, est rendu par le *jury*, assemblée de 12 personnes appelées *jurés* et choisies par le sort à chaque session; les magistrats composant la cour ne font qu'appliquer la peine marquée par la loi, s'il y a lieu de le faire.

Au-dessus des tribunaux de première instance viennent les *cours d'appel*, chargées de juger en dernier ressort les contestations civiles. Il y a en France 26 cours d'appel.

Enfin siége à Paris la *Cour de cassation*, tribunal suprême qui peut annuler les arrêts de tous les autres, s'il y a eu fausse application de la loi ou inobservation de formes; dans ce cas, elle désigne le tribunal devant lequel le procès doit être recommencé.

TABLEAU des 26 cours d'appel et de leurs ressorts.

COURS D'APPEL.	DÉPARTEMENTS DU RESSORT.
Agen.	Gers, Lot, Lot-et-Garonne.
Aix.	Basses-Alpes, Alpes-Maritimes, Bouches-du-Rhône, Var.
Amiens.	Aisne, Oise, Somme.
Angers.	Maine-et-Loire, Mayenne, Sarthe.
Bastia	Corse.
Besançon.	Doubs, Jura, Haute-Saône, Belfort.
Bordeaux.	Charente, Dordogne, Gironde.
Bourges.	Cher, Indre, Nièvre.
Caen	Calvados, Manche, Orne.
Chambéry	Savoie, Haute-Savoie.
Dijon.	Côte-d'Or, Haute-Marne, Saône-et-Loire.
Douai.	Nord, Pas-de-Calais.
Grenoble	Hautes-Alpes, Drôme, Isère.
Limoges	Corrèze, Creuse, Haute-Vienne.
Lyon.	Ain, Loire, Rhône.
Montpellier.	Aude, Aveyron, Hérault, Pyrénées-Orientales.
Nancy	Ardennes, Meurthe-et-Moselle, Meuse, Vosges.
Nîmes	Ardèche, Gard, Lozère, Vaucluse.
Orléans.	Indre-et-Loire, Loiret, Loir-et-Cher.
Paris.	Aube, Eure-et-Loir, Marne, Seine, Seine-et-Marne, Seine-et-Oise, Yonne.
Pau	Landes, Basses-Pyrénées, Hautes-Pyrénées.
Poitiers.	Charente-Inférieure, Deux-Sèvres, Vendée, Vienne.
Rennes.	Côtes-du-Nord, Finistère, Ille-et-Vilaine, Loire-Inférieure, Morbihan.
Riom.	Allier, Cantal, Haute-Loire, Puy-de-Dôme.
Rouen	Eure, Seine-Inférieure.
Toulouse	Ariége, Haute-Garonne, Tarn, Tarn-et-Garonne.

Dans les villes manufacturières, il existe des *conseils de prud'hommes*, sortes de justices de paix de l'industrie, qui jugent en dernier ressort jusqu'à une condamnation de 200 francs et avec appel au *tribunal de commerce*, au-dessus de cette somme. Il existe, en France, 216 tribunaux de commerce, siégeant ordinairement dans les chefs-lieux d'arrondissement. Dans les arrondissements où il n'en existe pas, les différends commerciaux sont jugés, comme les affaires civiles, par le tribunal de première instance.

Les *juridictions spéciales* se composent des *tribunaux administratifs* (conseil de préfecture et Conseil d'État), des *tribunaux militaires*, des *conseils de discipline* et de la *Cour des comptes*.

Armée.

Au point de vue militaire, le territoire de la France est divisé en 18 *régions* et subdivisions de région. Chaque région est occupée par un *corps d'armée*. Chaque corps d'armée est formé de 2 divisions d'infanterie, d'une brigade d'artillerie et d'une brigade de cavalerie. La brigade se compose de deux régiments, la division de deux brigades.

Tout Français doit le service militaire personnel et peut être appelé, depuis l'âge de 21 ans jusqu'à celui de 40, à faire partie de l'armée active et des réserves. Le service militaire comprend 5 ans dans l'armée active, 4 ans dans la réserve de l'armée active, 5 ans dans l'armée territoriale, 6 ans dans la réserve de l'armée territoriale.

TABLEAU indiquant la division de la France en 18 régions militaires.

CHEFS-LIEUX DES RÉGIONS.	DÉPARTEMENTS COMPRIS DANS CHAQUE RÉGION.
1re. Lille	Nord, Pas-de-Calais.
2e. Amiens	Aisne, Oise, Somme, Seine-et-Oise (arrondissement de Pontoise), Seine (cantons de Saint-Denis et de Pantin, 10e, 19e et 20e arrondissements de Paris).
3e. Rouen	Calvados, Eure, Seine-Inférieure, Seine-et-Oise (arrondissements de Mantes et de Versailles), Seine (cantons de Courbevoie et de Neuilly, 1er, 7e, 8e, 9e, 15e, 16e, 17e et 18e arrondissements de Paris).
4e. Le Mans	Eure-et-Loir, Mayenne, Orne, Sarthe, Seine-et-Oise (arrondissement de Rambouillet), Seine (cantons de Villejuif et de Sceaux, 4e, 5e, 6e, 13e et 14e arrondissements de Paris).
5e. Orléans	Loiret, Loir-et-Cher, Seine-et-Marne, Yonne, Seine-et-Oise (arrondissements d'Étampes et de Corbeil), Seine (cantons de Charenton et de Vincennes, 2e, 3e, 11e et 12e arrondissements de Paris).
6e. Châl.-s.-Marne	Ardennes, Aube, Marne, Meurthe-et-Moselle, Meuse, Vosges.
7e. Besançon	Ain, Doubs, Jura, Haute-Marne, Haut-Rhin (arrondissement de Belfort), Haute-Saône, Rhône (canton de Neuville, 4e et 5e arrondissements de Lyon).
8e. Bourges	Cher, Côte-d'Or, Nièvre, Saône-et-Loire, Rhône (arrondissement de Villefranche).
9e. Tours	Maine-et-Loire, Indre-et-Loire, Indre, Deux-Sèvres, Vienne.
10e. Rennes	Côtes-du-Nord, Manche, Ille-et-Vilaine.
11e. Nantes	Finistère, Loire-Inférieure, Morbihan, Vendée.
12e. Limoges	Charente, Corrèze, Creuse, Dordogne, Haute-Vienne.
13e. Clermont-Ferr.	Allier, Loire, Puy-de-Dôme, Haute-Loire, Cantal, Rhône (cantons de l'Arbresle, Condrieu, Limonest, Mornant, Saint-Symphorien, Saint-Laurent et Vaugneray).
14e. Grenoble	Hautes-Alpes, Drôme, Isère, Savoie, Haute-Savoie, Rhône (cantons de Givors, Saint-Genis-Laval, Villeurbanne, 1er, 2e, 3e et 6e arrondissements de Lyon).
15e. Marseille	Basses-Alpes, Alpes-Maritimes, Ardèche, Bouches-du-Rhône, Corse, Gard, Var, Vaucluse.
16e. Montpellier	Aude, Aveyron, Hérault, Lozère, Tarn, Pyrénées-Orientales.
17e. Toulouse	Ariège, Haute-Garonne, Gers, Lot, Lot-et-Garonne, Tarn-et-Garonne.
18e. Bordeaux	Charente-Inférieure, Gironde, Landes, Basses-Pyrénées, Hautes-Pyrénées.

L'armée française se compose de 400,000 hommes

en temps de paix. Des calculs approximatifs évaluent de la manière suivante le nombre d'hommes que les nouvelles lois pourront réunir sous les drapeaux :

Armée active.	850,000 hommes.
Réserve de l'armée active	550,000 —
Total.	1,400,000 hommes.

Sans compter l'armée territoriale.

L'armée, sur pied de paix, se compose de 300,000 hommes d'infanterie, 60,000 de cavalerie, 40,000 d'artillerie, 7,000 du génie et 85,000 chevaux.

Marine.

Les côtes de la France sont divisées en 5 préfectures, ou arrondissements maritimes, administrées chacune par un officier général de marine dit *préfet maritime*. Chaque arrondissement se divise en sous-arrondissements administrés par un officier supérieur du *commissariat de la marine*. Le sous-arrondissement se subdivise, pour l'inscription maritime, en *quartiers*, et chaque quartier en *syndicats* et en *stations*.

L'inscription maritime assure le recrutement de l'armée de mer. C'est l'institution qui oblige tout homme exerçant la profession de marin sur les côtes de la mer à répondre à l'appel de l'État pour le service de la flotte, depuis l'âge de 18 ans jusqu'à 50. Le tableau de l'inscription maritime donne environ

140,000 marins dont, en temps ordinaire, 25,000 sont appelés à un service actif.

TABLEAU des circonscriptions maritimes.

ARRONDISSEMENTS.	SOUS-ARRONDISSEMENTS.
1o Cherbourg . . .	Dunkerque, Le Havre, Cherbourg.
2o Brest.	Saint-Servan, Brest.
3o Lorient.	Lorient, Nantes.
4o Rochefort . . .	Rochefort, Bordeaux.
5o Toulon.	Bastia, Nice, Toulon, Marseille.

La flotte se compose de 470 navires à flot, dont 340 à vapeur; sur ce nombre, il y a 38 vaisseaux de ligne, dont 2 cuirassés, et 43 frégates, dont 15 cuirassées.

TROISIÈME PARTIE

ARITHMÉTIQUE ÉLÉMENTAIRE

DÉFINITIONS.

On appelle *grandeur* tout ce qui peut être augmenté ou diminué. Les grandeurs nous sont offertes par la nature : les dimensions d'un corps, son poids, le temps pendant lequel il tombe, sont des grandeurs.

Afin de comparer plus facilement entre elles les grandeurs de même espèce, on les mesure, c'est-à-dire qu'on les compare toutes à l'une d'elles appelée *unité*. Le résultat de cette comparaison est un *nombre*.

Le premier de tous les nombres s'appelle unité comme la grandeur qu'il représente. Les autres nombres se forment en ajoutant l'unité à elle-même et au nombre déjà formé ; en un mot, ce sont des multiples de l'unité. L'unité et ses multiples s'appellent *nombres entiers*.

L'*Arithmétique* est la science des nombres. Elle se divise en deux parties : *Numération* et *Calcul*.

NUMÉRATION.

La numération a pour but de nommer tous les nombres à l'aide de quelques mots et de les écrire tous à l'aide de caractères appelés *chiffres*. De là : *Numération parlée* et *Numération écrite*.

Numération parlée. — Pour nommer tous les nombres à l'aide de quelques mots, on s'est servi des noms : un, deux, trois, quatre, cinq, six, sept, huit, neuf, dix, qui désignent les premiers nombres ; puis on a réuni les unités du nombre dix en un seul groupe appelé *dizaine* ou unité du second ordre, et l'on s'est mis à compter de un à dix avec les dizaines ; seulement l'usage a substitué aux mots : deux-dix, trois-dix,... dix-dix, les mots : vingt, trente, ... cent.

Pour nommer un nombre inférieur à cent, on lit d'abord ses dizaines, puis ses unités. Ainsi le nombre formé de quatre dizaines et six unités se lit quarante-six. Il n'y a d'exception que pour dix-un, soixante-dix-un, quatre-vingt-dix-un, etc., qui se lisent : onze, soixante-onze, quatre-vingt-onze, etc.

Arrivé à cent, on a réuni les dix dizaines de ce nombre en un seul groupe appelé *centaine* ou unité du troisième ordre, et l'on s'est mis à compter de un à dix avec les centaines, en se contentant de remplacer dix cents par mille.

Pour énoncer un nombre inférieur à mille, on nomme d'abord ses centaines, puis ses dizaines et ses unités. Ainsi le nombre formé de cinq centaines, six dizaines et sept unités se lit cinq cent soixante-sept.

Arrivé à mille, on a réuni les dix centaines de ce nombre en un groupe appelé *mille* ou unité du quatrième ordre, et l'on s'est mis à compter de un à mille avec cette nouvelle unité, ce qui a donné de nouveaux ordres d'unités, savoir : dix mille, cent mille et mille mille ou un *million*. Cela fait, on a compté de un million jusqu'à mille millions ou un *billion*, puis de un billion à mille billions ou un *trillion*, etc., en sorte que les divers ordres d'unités sont :

I.	Unités simples; Dizaines; Centaines.
II.	Mille; Dizaines de mille; Centaines de mille.
III.	Million; Dizaines de million; Centaines de million, etc.

Il est à remarquer que ces divers ordres d'unités se groupent trois à trois sous le même nom, de manière à former des classes ou ordres ternaires. — La première classe est celle des unités ; elle contient : unités simples, dizaines, centaines. — La seconde classe est celle des mille ; elle contient : mille, dizaine de mille, centaine de mille. — La troisième classe est celle des millions ; elle contient : million, dizaine de million, centaine de million, etc., etc.

Pour nommer un nombre quelconque, on nomme d'abord la classe de l'ordre le plus élevé, puis celle qui la suit immédiatement, jusqu'à ce qu'on arrive à la classe des unités simples.

Numération écrite. — Pour écrire tous les nombres à l'aide de quelques caractères, on s'est servi des chiffres : 1, 2, 3, 4, 5, 6, 7, 8, 9, qui désignent les neuf premiers nombres, et du chiffre 0 (zéro), qui n'a pas de valeur par lui-même. Puis on est convenu que tout chiffre placé à la gauche d'un autre exprimerait des unités de l'ordre immédiatement supérieur, en sorte que le chiffre du premier rang, en allant de droite à gauche, représente des unités du premier ordre ; le chiffre du second rang représente des unités du second ordre, etc. — Quant au zéro, il marque le rang des ordres d'unités qui manquent.

Il y a donc à distinguer dans un chiffre autre que 0 deux valeurs : l'une absolue qu'il a par lui-même, l'autre relative qu'il doit au rang qu'il occupe. Ainsi

8 représente toujours 8 unités, mais ce sont des unités simples, des dizaines ou des centaines, suivant que ce chiffre est au premier, au second, ou au troisième rang.

Pour écrire un nombre, on commence par le chiffre de l'ordre le plus élevé, puis on écrit à sa droite le chiffre qui exprime des unités de l'ordre immédiatement inférieur, et ainsi de suite.

Pour lire un nombre écrit, on le partage en tranches de trois chiffres en allant de droite à gauche, afin de distinguer les classes, et il ne reste plus qu'à chercher le nom de la classe de l'ordre le plus élevé.

Il arrive souvent aussi qu'on a besoin de lire dans un nombre le nombre d'unités d'un certain ordre qu'il renferme : on lit alors le nombre jusqu'au chiffre qui exprime des unités de cet ordre. Exemple : Veut-on savoir combien il y a de centaines dans 587906? On lit le nombre jusqu'au chiffre 7 des centaines et la réponse est : 587 centaines.

On appelle *base* d'un système de numération le nombre d'unités d'un ordre qui en font une de l'ordre immédiatement supérieur, ou, si l'on veut, le nombre des chiffres employés dans ce système. La base de notre système de numération étant dix, lui a fait donner le nom de *système décimal.*

CALCUL

Le calcul a pour but de former ou de décomposer les nombres à l'aide de procédés plus rapides que celui de la numération. Ces procédés s'appellent *opérations*.

Les opérations de l'arithmétique élémentaire sont au nombre de quatre, savoir : addition, soustraction, multiplication et division.

Addition.

L'addition a pour but de réunir deux ou plusieurs nombres donnés en un seul appelé *somme* ou *total*. Les nombres donnés sont les parties de la somme. L'addition s'indique à l'aide du signe + qui se prononce *plus*.

L'addition présente deux cas, soit qu'il s'agisse d'additionner à un nombre quelconque un nombre d'un chiffre ou un nombre quelconque.

1er Cas. — Soit : 36 + 8. En suivant le procédé de la numération, on ajouterait successivement à 36 toutes les unités de 8, mais on doit s'exercer à faire l'opération de mémoire et pouvoir dire immédiatement : 36 + 8 donne 44.

2e Cas. — Soit : 6896 + 54 + 748. J'écris les nombres donnés les uns au-dessous des autres, de telle sorte que les unités soient sous les unités, les

dizaines sous les dizaines, etc., et je souligne le
tout. Puis j'additionne de mémoire les chiffres de la

$$6896$$
$$54$$
$$748$$
$$\overline{7698}$$

colonne des unités, ce qui me donne 18. J'écris 8
sous cette colonne, et je retiens une dizaine, pour
l'additionner aux chiffres de la seconde colonne.
Cette seconde colonne me donne ainsi 19 dizaines.
J'écris 9 au rang des dizaines, je retiens une centaine, pour la colonne suivante, et ainsi de suite, et
je trouve :

$$6896 + 54 + 748 = 7698.$$

Le signe $=$ se prononce *égale*.

Règle. — Pour additionner des nombres quelconques, on les écrit les uns sous les autres, de telle
sorte que les chiffres de même rang se correspondent; on souligne le tout; puis on additionne de
mémoire les chiffres de chaque colonne, en commençant par celle des unités simples. Si la somme de
ces chiffres ne surpasse pas neuf, on l'écrit sous la colonne qui l'a donnée; si la somme surpasse 9, on
n'écrit sous la colonne que les unités de son ordre,
et l'on retient les dizaines pour la colonne suivante.

On appelle *preuve* d'une opération une seconde opération qui a pour but de vérifier l'exactitude de la première.

La meilleure preuve de l'addition consiste à répéter l'addition des chiffres de chaque colonne dans un ordre inverse de celui qu'on a suivi d'abord.

On regarde comme évident qu'une somme de plusieurs nombres ne change pas quand on change l'ordre de l'opération indiquée.

Ainsi $20 + 8 + 6$ donnera toujours le même résultat, soit qu'on additionne d'abord 20 et 8 puis 6 au résultat, soit qu'on commence par additionner 8 et 6 pour additionner ensuite le résultat à 20. De là le théorème suivant :

Pour additionner à un nombre la somme de deux autres, il suffit de lui additionner successivement chacun de ceux-ci. Soit, par exemple, à additionner à 20 la somme de $(8 + 6)$, ce qui s'écrit : $20 + (8 + 6)$. Le résultat sera le même que si l'on ajoute successivement à 20 les nombres 8 et 6; donc :

$$20 + (8 + 6) = 20 + 8 + 6.$$

Soustraction.

La soustraction a pour but, connaissant une somme et l'une de ses parties, de trouver l'autre appelée *reste*, *excès* ou *différence*. L'opération s'indique à l'aide du signe —, qui se prononce *moins*.

D'après cela, soustraire 8 de 20, c'est chercher le nombre qu'il faut additionner à 8 pour obtenir 20.

La soustraction des nombres entiers présente deux cas, selon qu'il s'agit de soustraire d'un nombre quelconque un nombre d'un chiffre ou un nombre quelconque.

1er Cas. — Soit à calculer : 20 — 8. On doit pouvoir dire immédiatement : 20 — 8 = 12.

2e Cas. — Soit maintenant à calculer : 5846 — 312. J'écris le petit nombre sous le plus grand, de façon que les chiffres de même rang se correspondent ; je

$$
\begin{array}{r}
5846 \\
312 \\
\hline
5534
\end{array}
$$

souligne le tout ; puis je retranche d'abord 2 de 6, en écrivant le reste 4 sous la première colonne, une dizaine de 4 dizaines en écrivant le reste 3 sous la seconde colonne, et ainsi de suite, et j'ai enfin pour reste 5534.

Il peut se faire cependant qu'un chiffre du nombre inférieur surpasse le chiffre correspondant du nombre supérieur. Alors on s'appuie sur ce principe évident, que la différence de deux nombres ne change pas quand on les augmente tous deux d'un troisième. On augmente donc le chiffre supérieur de dix unités de son ordre, ce qui rend la soustraction possible; mais afin de ne pas altérer la différence cherchée, on augmente, en même temps, le chiffre suivant du nombre inférieur, d'une unité de son ordre. Exemple, soit à calculer : 5846 — 792.

En procédant comme plus haut, je retranche d'abord 2 unités de 6, ce qui me donne pour reste 4. Puis, ne pouvant soustraire 9 dizaines de 4, je dis : 9 ôté de 14, reste 5, que j'écris sous la deuxième colonne. Mais ayant augmenté, par le fait, le nombre supérieur de 10 dizaines, je dois augmenter le

$$\begin{array}{r} 5846 \\ 792 \\ \hline 5054 \end{array}$$

nombre inférieur d'une centaine, ce qui fait que j'y lis 8 centaines au lieu de 7. Ces 8 centaines ôtées de celles du nombre supérieur me donnent 0, et abaissant le 5 du nombre supérieur, j'ai 5054 pour la différence cherchée.

Règle. — Pour trouver la différence de deux nombres quelconques, on écrit le plus petit sous le plus grand, de telle sorte que les chiffres de même rang se correspondent; on souligne le tout; puis commençant par la droite, on soustrait chaque chiffre du nombre inférieur du chiffre supérieur correspondant, et l'on écrit chaque reste sous la colonne qui l'a donné. S'il arrive qu'un chiffre inférieur surpasse le chiffre supérieur correspondant, on augmente ce dernier de dix unités de son ordre, ce qui rend la soustraction possible, et l'on augmente, en même temps, d'une unité, le chiffre inférieur suivant.

La preuve de la soustraction se fait en ajoutant le plus petit nombre à la différence : on doit retrouver le plus grand.

Théorème I. — Pour additionner à un nombre la différence de deux autres, il suffit de lui additionner le premier de ceux-ci, et de soustraire du résultat le second.

Ainsi : $20 + (8 - 6) = 20 + 8 - 6$.

En effet, comme il faut additionner à 20 l'excès de 8 sur 6, la somme $20 + 8$ surpasse de six unités le résultat demandé.

Ce résultat est donc : $20 + 8 - 6$.

Théorème II. — Pour soustraire d'un nombre la somme de deux autres, il suffit de soustraire successivement chacun de ceux-ci.

Ainsi : $20 - (8 + 6) = 20 - 8 - 6$.

En effet, le reste sera bien $20 - 8 - 6$, si en ajoutant le plus petit nombre $8 + 6$ on retrouve 20. Or, on obtient de la sorte :

$$20 - 8 - 6 + 8 + 6,\ \text{ou simplement} : 20.$$

Théorème III. — Pour soustraire d'un nombre la différence de deux autres, il suffit de soustraire le premier de ceux-ci et d'additionner au résultat le second.

Ainsi : $20 - (8 - 6) = 20 - 8 + 6$.

En effet, le reste sera bien $20 - 8 + 6$, si on lui additionnant le plus petit nombre $(8 - 6)$, on retrouve 20. Or, on obtient de la sorte $20 - 8 + 6 + 8 - 6$, ou simplement 20.

Multiplication.

La multiplication a pour but de faire, sur un nombre appelé *multiplicande*, ce qu'on a fait sur l'unité, pour obtenir un autre nombre appelé *multiplicateur*. Le résultat se nomme *produit*; les nombres donnés en sont les *facteurs*. L'opération s'indique à l'aide du signe $\times$ qui se prononce *multiplié par*. Un point remplit quelquefois le même office. D'après cela, multiplier 7 par 3, c'est faire sur 7 ce qu'on a fait sur 1 pour obtenir 3.

Or : $3 = 1 + 1 + 1$; donc : $7 \times 3 = 7 + 7 + 7 = 21$.

Ainsi un produit n'est qu'une somme dont toutes les parties sont égales.

Avant d'aborder la multiplication des nombres entiers, il est bon de démontrer quelques théorèmes importants.

THÉORÈME I. — Pour multiplier la somme de deux nombres par un troisième, il suffit de multiplier séparément chacun de ces nombres par le troisième et d'additionner les produits partiels.

Soit à multiplier 8 plus 6 par 5, ce qui s'écrit :

$$(8 + 6) \times 5.$$

Comme il faut répéter 5 fois la somme $8 + 6$, il est clair qu'on répétera, par le fait, 5 fois 8 et 5 fois 6. On aura donc bien :

$$(8 + 6) \times 5 = 8 \times 5 + 6 \times 5.$$

Théorème II. — Pour multiplier un nombre par la somme de deux autres, il suffit de le multiplier séparément par chacun de ceux-ci et d'additionner les produits partiels.

Soit à multiplier 8 par 5 plus 2.

$$8 \times (5 + 2).$$

Il faut faire sur 8 ce qu'on a fait sur 1 pour avoir $5 + 2$, et comme $5 + 2$ s'obtient en répétant l'unité 5 fois d'une part, 2 fois de l'autre, et en additionnant les résultats, le produit cherché s'obtiendra en répétant 8, 5 fois d'une part, 2 fois de l'autre, et en additionnant les produits partiels. On aura donc :

$$8 \times (5 + 2) = 8 \times 5 + 8 \times 2.$$

Théorème III. — Pour multiplier une somme par une autre, il suffit de multiplier chaque partie de la première par chaque partie de la seconde et d'additionner les produits partiels.

Soit à multiplier $8 + 6$ par $5 + 2$.

$$(8 + 6) \times (5 + 2)$$

On a successivement :

$$(8 + 6) \times (5 + 2) = (8 + 6) \times 5 + (8 + 6) \times 2 =$$
$$8 \times 5 + 6 \times 5 + 8 \times 2 + 6 \times 2.$$

THÉORÈME IV. — La valeur d'un produit ne change pas quand on intervertit l'ordre de ses facteurs.

Distinguons trois cas, suivant qu'il s'agit d'un produit de 2, de 3, ou d'un nombre quelconque de facteurs.

1er Cas. — Je dis que : $5 \times 3 = 3 \times 5$. En effet, on a :

$$5 = 1 + 1 + 1 + 1 + 1,$$

et si on multiplie de part et d'autre par 3 on a :

$$5 \times 3 = 3 + 3 + 3 + 3 + 3 = 3 \times 5.$$

2^e Cas. — Je dis que le produit : $5 \times 3 \times 4 = 5 \times 4 \times 3$. En effet, $5 \times 3 = 5 + 5 + 5$, et si je multiplie d'autre part par 4, j'ai :

$$5 \times 3 \times 4 = 5 \times 4 + 5 \times 4 + 5 \times 4 = 5 \times 4 \times 3.$$

3e Cas. — Soit le produit : $5 \times 3 \times 4 \times 2 \times 6 \times 8.$

Si je trouve qu'on peut mettre un facteur à la place du voisin, le théorème sera démontré, puisque chaque facteur pourra prendre successivement toutes les places possibles.

Je dis donc que l'on peut mettre 2, par exemple, à la place de 4, et que l'on a :

$$5 \times 3 \times 4 \times 2 \times 6 \times 8 = 5 \times 3 \times 2 \times 4 \times 6 \times 8.$$

En effet : $5 \times 3 \times 4 = 5 \times 3 + 5 \times 3 + 5 \times 3 + 5 \times 3$, et si je multiplie de part et d'autre par 2, j'ai :

$$5 \times 3 \times 4 \times 2 = 5 \times 3 \times 2 + 5 \times 3 \times 2 +$$
$$5 \times 3 \times 2 + 5 \times 3 \times 2 = 5 \times 2 \times 3 \times 4.$$

Ainsi, arrivé à 2 dans le premier produit, on aura le même résultat qu'arrivé à 4 dans le second, et comme les facteurs qui suivent sont les mêmes et dans le même ordre, les deux produits sont égaux.

THÉORÈME V. — Pour multiplier un nombre par un produit, il suffit de le multiplier successivement par les facteurs de ce produit.

$$\text{Soit : } 60 \times 24.$$

Comme $24 = 2 \times 3 \times 4$, je dis que

$$60 \times 24 = 60 \times 2 \times 3 \times 4.$$

En effet : $60 \times 24 = 24 \times 60$;
mais $24 \times 60 = 2 \times 3 \times 4 \times 60$;

Donc : $60 \times 24 = 2 \times 3 \times 4 \times 60$.

Or, on n'altère pas un produit en changeant l'ordre de ses facteurs, donc :

$$60 \times 24 = 60 \times 2 \times 3 \times 4,$$

THÉORÈME VI. — Lorsqu'on multiplie le facteur d'un produit par un nombre, on multiplie le produit par ce nombre.

Soit le produit : $5 \times 7 \times 9$.

Si je multiplie le facteur 7 par 2, j'obtiens :

$$5 \times 14 \times 9,$$

et je dis que ce produit est égal au premier multiplié par 2.

En effet : $5 \times 14 \times 9 = 5 \times 9 \times 14 = 5 \times 9 \times 7 \times 2$, puisque pour multiplier un nombre par 14, il suffit de le multiplier par 7 et 2, facteurs de 14.

THÉORÈME VII. — Pour multiplier un nombre par 10, 100, 1000, il suffit d'écrire 1, 2, 3 zéros à sa droite.

Soit 584. Si j'écris un zéro à sa droite, j'ai 5840, qui se compose de 584 dizaines et par suite est 10 fois plus grand que le nombre proposé.

Si l'on observe que $100 = 10 \times 10$ et $1000 = 10 \times 10 \times 10$, on en conclura que pour multiplier un nombre par 100, 1000, etc., il suffit d'écrire 2, 3, etc., zéros sur sa droite.

La multiplication des nombres entiers présente trois cas, suivant qu'il s'agit de multiplier :

1° Un nombre d'un chiffre par un nombre d'un chiffre ;

2° Un nombre quelconque par un nombre d'un chiffre ;

3° Un nombre quelconque par un nombre quelconque.

1er Cas. — La multiplication d'un nombre d'un chiffre par un nombre d'un chiffre doit se faire de

1	2	3	4	5	6	7	8	9
2	4	6	8	10	12	14	16	18
3	6	9	12	15	18	21	24	27
4	8	12	16	20	24	28	32	36
5	10	15	20	25	30	35	40	45
6	12	18	24	30	36	42	48	54
7	14	21	28	35	42	49	56	63
8	16	24	32	40	48	56	64	72
9	18	27	36	45	54	63	72	81

mémoire. Les produits à retenir font partie d'un tableau qu'on forme par addition et qui se nomme *table de multiplication*.

Pour faire la table de multiplication, on écrit les nombres d'un chiffre sur une première ligne, puis on les additionne à eux-mêmes, ce qui donne une seconde ligne commençant par 2, et renfermant les produits par 2 des nombres de la première ligne. En ajoutant les nombres de la première ligne à ceux de la seconde, on obtient une troisième ligne commençant par 3 et renfermant les produits par 3 des nombres de la première ligne, et ainsi de suite jusqu'à la neuvième ligne.

Pour trouver dans cette table le produit 6×4, par exemple, on cherche le multiplicande 6 dans la première ligne, le multiplicateur 4 dans la première colonne, et le produit 24 se trouve dans la colonne du multiplicande et sur la ligne du multiplicateur.

2° Cas. — Soit à calculer : 5842×9. J'écris le multiplicateur sous le multiplicande, je souligne le tout, et j'observe que le produit est la somme de 9 nombres égaux à 5842. Si l'on faisait la somme de

$$\begin{array}{r} 5842 \\ 9 \\ \hline 52578 \end{array}$$

ces nombres, la colonne des unités renfermerait 9 fois le nombre 2, et donnerait 18; j'écris 8 et je retiens une dizaine. La colonne des dizaines renfermerait 9 fois 4; elle donnerait donc 36, et, avec la retenue, 37 dizaines. La colonne des centaines contiendrait pareillement 9 fois 8; elle donnerait donc 72, et, avec la retenue, 75 centaines; j'écris 5 centaines et je retiens 7 mille. Enfin, la colonne des mille donnerait 9 fois 5, et, avec la retenue, 52 mille. Le produit cherché est donc 52578.

Règle. — Pour multiplier un nombre quelconque par un nombre d'un chiffre, on écrit celui-ci sous le multiplicande, on souligne le tout pour écrire le produit au-dessous, puis commençant l'opération par la droite, on multiplie successivement chaque chiffre du multiplicande par le multiplicateur, en n'écrivant que les unités de chaque produit partiel et en retenant les dizaines pour les ajouter de mémoire au produit suivant.

3e Cas. — Soit à calculer : 5842 × 629. Je dispose l'opération comme dans le cas précédent et

$$
\begin{array}{r}
5842 \\
629 \\
\hline
52578 \\
11684 \\
35052 \\
\hline
3674618
\end{array}
$$

j'observe qu'elle revient à multiplier 5842 séparément par 600, par 20 et par 9, puis à additionner les produits partiels. Or, la multiplication de 5842 par 9 se fait comme dans le second cas et donne pour premier produit partiel 52578. J'observe ensuite que $5842 \times 20 = 5842 \times 2 \times 10$. Pour effectuer ce second produit partiel, il suffit donc de multiplier 5842 par 2, ce qui donne 11684, et d'écrire ce second produit partiel sous le premier, de façon que son dernier chiffre soit au rang des dizaines. Enfin, comme $5842 \times 600 = 5842 \times 6 \times 100$, il ne reste plus qu'à multiplier 5842 par 6, puis à écrire le produit partiel 35052 sous les deux autres, de telle sorte que son dernier chiffre soit au rang des centaines. La somme 3674618 des produits partiels ainsi obtenus est le produit demandé.

Règle. — Pour trouver le produit de deux nombres quelconques, on dispose la multiplication comme dans le second cas, puis on multiplie le multiplicande par chaque chiffre du multiplicateur, en commençant par les unités simples; on écrit ces produits partiels les uns au-dessous des autres, de telle sorte que leur dernier chiffre exprime des unités de même ordre que le chiffre correspondant du multiplicateur, et l'on fait la somme de ces produits partiels, ce qui donne le produit demandé.

La preuve de la multiplication peut se faire en prenant le multiplicateur pour le multiplicande et réciproquement. On doit retrouver le même produit.

On appelle *multiple* d'un nombre le produit de ce nombre par un autre nombre entier. Les multiples successifs de 20, par exemple, sont :

$$20 \times 1 = 20, 20 \times 2 = 40, 20 \times 3 = 60, 20 \times 4 = 80, \text{ etc.}$$

Division.

La Division a pour but, connaissant un produit de deux facteurs appelé *dividende*, et l'un de ses facteurs appelé *diviseur*, de trouver l'autre appelé *quotient*. L'opération s'indique à l'aide du signe : qui se prononce *divisé par*.

D'après cela, la division de 56 par 8 consiste à chercher le nombre par lequel il faut multiplier 8 pour obtenir 56. La table de multiplication nous apprend que ce nombre est 7; le quotient cherché est donc 7, et l'on a :

$$56 = 8 \times 7.$$

Cette égalité nous apprend que le diviseur est contenu 7 fois exactement dans le dividende. La division consiste donc à chercher combien de fois le diviseur est contenu dans le dividende; de là le mot *quotient* donné au résultat.

L'égalité précédente peut aussi s'écrire $56 = 7 \times 8$, et l'on voit que le dividende se compose d'autant de parties égales au quotient qu'il y a d'unités dans le diviseur. La division consiste donc aussi à partager

un nombre appelé dividende en autant de parties
égales qu'il y a d'unités dans un autre nombre appelé diviseur; de là les noms *dividende* et *diviseur*.

S'il arrive que le dividende ne soit pas un multiple du diviseur, la division se borne à chercher
combien de fois au plus le diviseur est contenu dans
le dividende, et l'excès du dividende sur le plus
grand multiple du diviseur qu'il renferme s'appelle
reste.

Il est facile de reconnaître à première vue si le
quotient de la division de deux nombres quelconques
est moindre ou plus grand que 10, car il suffit pour
cela d'écrire un 0 sur la droite du diviseur et d'examiner si le dividende est moindre ou plus grand
que 10 fois le diviseur. Le quotient est moindre que
10 dans le premier cas et plus grand que 10 dans le
second.

Le quotient de 548 par 72, par exemple, est
moindre que 10, parce qu'on a : 548 plus petit que
720, ce qui s'écrit :

$$548 < 720.$$

De même, le quotient de 548 par 36 est plus
grand que 10, parce qu'on a : 548 plus grand que
360, ce qui s'écrit :

$$548 > 360.$$

La division des nombres entiers présente trois cas selon que :

1° Le diviseur et le quotient sont moindres que 10;

2° Le quotient seul est moindre que 10;

8° Le quotient est plus grand que 10.

1er Cas. — Soit à calculer 58 : 8. Le diviseur est moindre que 10, et il en est de même du quotient puisque 58 < 80.

Dans ce cas, la division doit se faire de mémoire et il faut pouvoir dire immédiatement, grâce à la table de multiplication : Le quotient de 58 par 8 est 7 et le reste 2, ce qui s'écrit : $58 = 8 \times 7 + 2$.

2° Cas. — Soit à calculer 628 : 82. Le diviseur est plus grand que 10, mais le quotient est moindre que 10, puisqu'on a : 628 < 820.

J'écris alors le diviseur à droite du dividende; je

$$\begin{array}{r|l} 628 & 82 \\ \hline 54 & 7 \end{array}$$

les sépare par un trait vertical et je souligne le diviseur, pour écrire au-dessous le quotient.

Comme je ne puis dire immédiatement combien de fois 82 est contenu dans 628, je cherche d'abord combien de fois les 8 dizaines du diviseur sont contenues dans les 62 dizaines du dividende, ou simplement combien de fois 8 est contenu dans 62.

Je trouve ainsi de mémoire le nombre 7, et je dis que le quotient cherché ne saurait être plus grand que 7; mais il peut être moindre.

En effet, si le quotient cherché était 8, par exemple, les 8 dizaines du diviseur seraient contenues 8 fois dans les 62 dizaines du dividende ou, plus simplement, 8 serait contenu 8 fois dans 62, ce qu'on sait ne pas être. Le quotient cherché ne peut donc pas être plus grand que 7, mais il peut être moindre que 7; car si 8 dizaines ou 80 sont contenues 7 fois dans 62 dizaines ou 620, il n'en résulte pas nécessairement que 82 soit contenu 7 fois dans 628.

Je vais donc éprouver le chiffre 7. Pour cela, je vais multiplier par 7 chaque chiffre du diviseur, à partir des unités simples, et soustraire les produits partiels des chiffres correspondants du dividende, en tenant compte des retenues. Je dirai donc :

7 fois 2 font 14, ôtés de 18, reste 4, et je retiens 1 ; puis 7 fois 8 font 56, et, avec la retenue, 57, ôtés

$$\begin{array}{r|l} 628 & 82 \\ \hline 54 & 7 \end{array}$$

de 62, reste 5. Comme la soustraction est possible, 7 est le quotient, et 54 le reste, ce qui s'écrit :

$$628 = 82 \times 7 + 54.$$

Si la soustraction n'avait pas été possible, j'aurais essayé 6 de la même manière.

Règle. — Pour effectuer la division, dans le second cas, on écrit le diviseur à droite du dividende; on les sépare par un trait vertical, et l'on souligne le diviseur, pour écrire au-dessous le quotient; puis on cherche combien de fois au plus le premier chiffre du diviseur est contenu dans la partie du dividende qui exprime des unités de même ordre, et l'on obtient de la sorte le quotient ou un chiffre trop fort. Pour l'éprouver, on le multiplie par chaque chiffre du diviseur, à partir des unités simples, et l'on retranche les produits partiels des chiffres correspondants du dividende, en tenant compte des retenues. Si la soustraction est possible, le chiffre éprouvé est le quotient, sinon on essaie le chiffre immédiatement inférieur.

3ᵉ Cas. — Soit : 42634 : 56. Je dispose l'opération comme dans le second cas, puis je sépare sur la gauche du dividende le nombre 426, qui contient 1 fois au moins et 9 fois au plus le diviseur, et, donnant à ce nombre le nom de premier dividende partiel, je le divise par 56, ce qui, d'après le second cas, me donne pour quotient 7. Je dis maintenant que 7 est le premier chiffre du quotient. En effet, on a :

$$56 \times 7 < 426 < 56 \times 8.$$

et, en multipliant les trois nombres par 100 :

$$56 \times 700 < 42600 < 56 \times 800.$$

Or, les nombres 42600 et 56 $\times$ 800 sont des

$$
\begin{array}{r|l}
42634 & 56 \\
343 & \overline{761} \\
74 & \\
18 &
\end{array}
$$

nombres exacts de centaines; leur différence est
donc au moins égale à 100, et, par suite, on a :

$$56 \times 700 < 42634 < 56 \times 800.$$

Donc, le dividende 42634 contient le diviseur 56
au moins 700 fois, mais ne le contient pas 800 fois.
Donc 7 est le premier chiffre du quotient, et il exprime des centaines, comme le premier dividende
partiel. J'écris alors 7 au quotient, puis je soustrais
de 426 centaines le produit de 56 par 7 centaines,
ce qui me donne pour différence 34 centaines; je
les convertis alors en dizaines, et j'y ajoute les 3 dizaines du dividende, ce qui me donne 343, que j'appelle second dividende partiel.

Je vais prouver maintenant que 343 ne saurait
contenir 10 fois 56. En effet, la différence entre 34
et 56 est au moins égale à 1: donc la différence
entre 340 et 10 fois le diviseur est au moins égale à

10, et, par suite, 343 ne saurait contenir 10 fois le
diviseur. La division de 343 dizaines par 56 rentre
donc dans le second cas; elle me donne pour quotient 6 dizaines. Je multiplie 56 par 6 dizaines, et
je soustrais le produit du second dividende partiel,
ce qui donne pour reste 7 dizaines, que je convertis

$$\begin{array}{r|l} 42634 & 56 \\ 343 & \overline{761} \\ 74 & \\ 18 & \end{array}$$

en unités. J'y ajoute les 4 unités du dividende et
j'appelle le nombre 74 ainsi obtenu le troisième dividende partiel. Je verrais comme plus haut que ce
nombre ne saurait contenir 10 fois le diviseur; je
divise donc 74 par 56, ce qui, d'après le second cas,
donne pour quotient 1 et pour reste 18, et j'en conclus que le quotient cherché est 761 et le reste 18,
ce qui s'écrit :

$$42634 = 56 \times 761 + 18.$$

Règle. — Pour effectuer la division, dans le troisième cas, on dispose l'opération comme dans le second cas, puis on sépare sur la gauche du dividende
un nombre contenant 1 fois au moins, 9 fois au plus,
le diviseur, et l'on divise ce premier dividende partiel par le diviseur, ce qui donne le premier chiffre

du quotient; on multiplie le diviseur par ce premier chiffre; on soustrait le produit du premier dividende partiel; à droite du reste on abaisse le chiffre suivant du dividende, et on forme ainsi le second dividende partiel. La division de ce nombre par le diviseur donne le second chiffre du quotient, et ainsi de suite jusqu'à ce qu'on ait abaissé tous les chiffres du dividende. Le dernier reste est celui de la division. S'il arrive qu'un dividende partiel ne contienne pas le diviseur, on écrit 0 au quotient, et on abaisse le chiffre suivant du dividende.

La preuve de la division se fait en ajoutant le reste au produit du diviseur par le quotient. On doit retrouver le dividende.

Théorème I. — Lorsqu'un nombre en divise plusieurs autres, il divise leur somme.

Ainsi 5, qui divise 30, 45 et 70, divise aussi leur somme, $30 + 45 + 70$.

En effet, 30, 45 et 70 étant des multiples de 5, il en est de même de leur somme.

Remarque. — Pour diviser par 5 la somme $30 + 45 + 70$, il suffit de diviser séparément par 5 chacun des nombres 30, 45 et 70, puis d'additionner les quotients, ce qui donne : $6 + 9 + 14$.

En effet : $(6 + 9 + 14) \times 5 = 30 + 45 + 70$.

Il arrive souvent que l'on trouve dans le calcul une expression telle que $6 \times 5 + 9 \times 5 + 14 \times 5$.

On dit alors que 5 est facteur commun à toutes les parties de cette somme; mais d'après ce qu'on vient de dire, cette même somme peut se remplacer par : $(6 + 9 + 14) \times 5$. On dit alors qu'on y met le facteur 5 en évidence.

Donc, pour mettre en évidence un facteur commun dans une somme, on écrit le facteur à la suite d'une parenthèse dans laquelle on place le quotient de la somme par ce même facteur.

THÉORÈME II. — Lorsqu'un nombre en divise deux autres, il divise leur différence.

Ainsi 5, qui divise 70 et 45, divise aussi $70-45$.

En effet, si d'un multiple de 5 on retranche un autre multiple de 5, il est clair que le reste est encore un multiple de 5.

Remarque. — On verrait facilement que, pour diviser par 5 la différence de $70-45$, il suffit de diviser 70 et 45 par 5, et de soustraire le second quotient du premier, ce qui donne $14-9$.

Si l'on rencontre dans un calcul une expression telle que $14 \times 5 - 9 \times 5$, on pourra donc aussi la remplacer par $(14-9)\,5$, et l'on dira encore que l'on y met le facteur 5 en évidence.

THÉORÈME III. — Quand un nombre en divise un autre, il divise ses multiples.

Ainsi 2, qui divise 10, divise 40 multiple de 10.

En effet, 0 n'est que la somme de quatre nombres égaux à 10, et 2, qui divise chaque partie de la somme, divise cette somme.

THÉORÈME IV. — Quand on divise un facteur d'un produit par un nombre, on divise le produit par ce nombre.

Soit le produit $5 \times 12 \times 9$.

Je divise 12 par 4, ce qui donne $5 \times 3 \times 9$, et je dis que ce nouveau produit est le quotient de la division du premier par 4. La question se réduit à prouver qu'en multipliant le deuxième produit par 4, on retrouve le premier. Mais on sait que pour multiplier par 4 le produit $5 \times 3 \times 9$, il suffit de multiplier un de ses facteurs par 4. On choisira donc le facteur 3 et l'on retrouvera le premier produit.

Remarque. — Pour diviser un produit par un de ses facteurs, il suffit de supprimer ce facteur.

En effet pour diviser le produit $5 \times 12 \times 9$ par 12, par exemple, je divise le facteur 12 par lui-même, et j'ai pour quotient $5 \times 1 \times 9$, ou simple-ment 5×9, puisque le facteur 1 ne s'écrit pas.

THÉORÈME V. — Pour diviser un nombre par un produit, il suffit de le diviser successivement par les facteurs de ce produit.

Ainsi, comme $24 = 2 \times 3 \times 4$, je dis que :

$$480 : 24 = 480 : 2 : 3 : 4.$$

En effet, soit 20 le quotient de la division de

480 par 24, on aura $480 = 24 \times 20$, ou encore $480 = 2 \times 3 \times 4 \times 20$.

Si je divise les deux membres de cette égalité par 2, j'en conclus :

$$480 : 2 = 3 \times 4 \times 20.$$

Je divise les deux membres de cette nouvelle égalité par 3, et j'ai !

$$480 : 2 : 3 = 4 \times 20.$$

Enfin, divisant par 4 les deux membres de cette dernière égalité, j'en conclus :

$$480 : 2 : 3 : 4 = 20.$$

Je trouve donc bien le même quotient que si j'avais divisé 480 par 24.

THÉORÈME VI. — Lorsqu'on multiplie ou qu'on divise le dividende et le diviseur par un même nombre, le quotient ne change pas, mais le reste est multiplié ou divisé par ce nombre.

Soit 6 le quotient et 2 le reste de la division de 32 par 5, on a : $32 = 5 \times 6 + 2$.

En multipliant les deux membres de cette égalité par 10, on en conclut :

$$320 = 50 \times 6 + 20;$$

mais, comme le reste 2 de la première division était moindre que le diviseur 5, il est clair que 20 sera moindre que 50; donc 20 sera le reste de la division de 320 par 50, et, par suite, le quotient de cette division sera 6. Ainsi 320 : 50 donne le même quotient que 32 : 5; mais le reste de la première division vaut 10 fois celui de la seconde.

Réciproquement, si la division de 320 par 50 donne pour quotient 6 et pour reste 20, on a :

$$320 = 50 \times 6 + 20$$

et en divisant par 10 les deux membres de cette égalité :

$$32 = 5 \times 6 + 2.$$

D'où l'on voit que le quotient de la division de 32 par 5 est le même que celui de la division de 320 par 50, mais que le reste 2 est dix fois plus petit que le reste 20.

FRACTIONS

Pour mesurer une grandeur moindre que l'unité, on partage l'unité en un certain nombre de parties égales appelées *unités fractionnaires*, et on appelle *fraction* toute unité fractionnaire ou collection d'unités fractionnaires de même espèce.

Suivant qu'on divise l'unité en 2, 3, 4, 5... parties égales, les unités fractionnaires s'appellent demi, tiers, quart, cinquième... et se représentent respectivement par : $\frac{1}{2}$, $\frac{1}{3}$, $\frac{1}{4}$, $\frac{1}{5}$...; de plus, la fraction formée de 3 cinquièmes, par exemple, au lieu de s'écrire : $\frac{1}{5} + \frac{1}{5} + \frac{1}{5}$, s'écrit : $\frac{3}{5}$.

Ainsi une fraction s'exprime par deux nombres entiers que l'on nomme *termes*. Dans la fraction $\frac{3}{5}$, par exemple, les termes sont 3 et 5. Le nombre 5 indique en combien de parties égales l'unité est partagée et par suite le nom de ces parties, de là son nom de *dénominateur*. Le nombre 3 indique combien on prend d'unités fractionnaires, de là son nom de *numérateur*.

Il existe entre les fractions et les nombres entiers une relation très-importante qui est celle-ci :

Théorème. I. — Toute fraction est le quotient exact de la division de son numérateur par son dénominateur. Ainsi, $\frac{3}{5}$ est le quotient exact de la division de 3 par 5, ou l'une des 5 parties égales de 3. En effet, pour partager 3 en 5 parties égales, on peut prendre le cinquième de chacune de ses unités et additionner les quotients, ce qui donne :

$$\frac{1}{5} + \frac{1}{5} + \frac{1}{5} = \frac{3}{5}.$$

Il suit de ce théorème que si 348 mètres d'étoffe coûtent 275 francs, 1 mètre coûte exactement $\frac{275}{348}$ de franc.

Comme on a par définition : $1 = \frac{2}{2} = \frac{3}{3} = \frac{4}{4}$, on voit que toute fraction dont le numérateur et le dénominateur sont les mêmes est égale à l'unité, et l'on en conclut sans peine qu'une fraction est moindre que l'unité quand son numérateur est moindre que son dénominateur, ou qu'elle est plus grande que l'unité quand son numérateur est plus grand que son dénominateur. Une fraction est d'ailleurs égale à 2, 3, 4... unités lorsque son numérateur contient 2, 3, 4... fois exactement son dénominateur.

Il suit de là qu'une fraction plus grande que l'unité équivaut à la somme d'un entier et d'une fraction moindre que l'unité, c'est-à-dire à ce qu'on appelle une *expression fractionnaire*.

Soit en effet la fraction : $\frac{549}{32}$. Si je divise 549 par 32, ce qui me donne pour quotient 17, et pour reste 5, je vois que cette fraction équivaut à 17 unités plus la 32e partie de 5, c'est-à-dire $\frac{5}{32}$, d'où : $\frac{549}{32} = 17 + \frac{5}{32}$.

Lorsqu'on cherche combien une fraction plus grande que l'unité renferme d'unités, on dit qu'on extrait les entiers de cette fraction. Ainsi, pour extraire les entiers d'une fraction, il suffit de diviser son numérateur par son dénominateur et d'additionner au quotient une fraction dont le numérateur est le reste et dont le dénominateur est le diviseur.

Si l'on observe que le quotient exact de la division de 549 par 32 est $17 + \frac{5}{32}$, on voit que dans la division des nombres entiers on se bornait à calculer la partie entière du quotient.

THÉORÈME. II. — Lorsqu'on multiplie ou qu'on divise le numérateur d'une fraction par un nombre entier, on rend la fraction le même nombre de fois plus grande ou plus petite.

Soit la fraction $\frac{4}{7}$. Si je multiplie son numérateur par 3, j'ai la fraction $\frac{12}{7}$, que je dis être 3 fois plus grande que l'autre. En effet, les unités fractionnaires considérées dans les deux cas sont des septièmes, et l'on en prend 3 fois plus dans le second que dans le premier.

Réciproquement, si l'on divise par 3 le numérateur de la fraction $\frac{12}{7}$, on obtient la fraction $\frac{4}{7}$, qui est trois fois plus petite.

THÉORÈME III. — Lorsqu'on multiplie ou qu'on divise le dénominateur d'une fraction par un nombre, on rend la fraction le même nombre de fois plus petite ou plus grande.

Soit la fraction $\frac{4}{7}$. Si je multiplie son dénominateur par 3, j'ai la fraction $\frac{4}{21}$, que je dis être 3 fois plus petite que $\frac{4}{7}$. En effet, quand l'unité est partagée en 7 parties égales, pour la partager en 21 parties égales, il suffit de subdiviser chaque division en 3, donc $\frac{1}{21}$ est 3 fois plus petit que $\frac{1}{7}$, et par suite $\frac{4}{21}$ est une fraction 3 fois plus petite que $\frac{4}{7}$.

Réciproquement, si l'on divise par 3 le dénominateur de la fraction $\frac{4}{21}$, on obtient la fraction $\frac{4}{7}$, qui est 3 fois plus grande que la fraction proposée.

THÉORÈME IV. — Lorsqu'on multiplie ou qu'on divise les deux termes d'une fraction par un même nombre, on obtient une fraction équivalente, c'est-à-dire qu'on change la forme et non la valeur de la première.

Soit la fraction $\frac{4}{7}$. Si je multiplie son numérateur par 3, j'obtiens la fraction $\frac{12}{7}$, qui est trois fois plus grande que la fraction proposée. Mais en multipliant le dénominateur de $\frac{12}{7}$ par ce même nombre 3, j'obtiens la fraction $\frac{12}{21}$, qui est 3 fois plus petite que $\frac{12}{7}$ et qui, par suite, est équivalente à $\frac{4}{7}$.

De même en divisant par 3 les deux termes de la fraction $\frac{12}{21}$, on aurait la fraction équivalente $\frac{4}{7}$.

Simplification des fractions.

Simplifier une fraction c'est la remplacer par une autre équivalente dont les termes soient plus petits.

Pour réduire une fraction à une plus simple expression, il faut en diviser les deux termes par un même nombre. On obtient ainsi deux termes plus petits qui expriment la fraction plus simplement. Ainsi : $\frac{4}{8} = \frac{2}{4} = \frac{1}{2}$.

Une fraction est irréductible ou réduite à sa plus simple expression quand on ne peut pas l'exprimer par des termes plus petits. Ainsi : $\frac{1}{5}, \frac{1}{3}, \frac{1}{7}$, sont des fractions irréductibles.

Réduction des fractions au même dénominateur.

Réduire des fractions au même dénominateur, c'est les convertir en des fractions équivalentes ayant toutes le même dénominateur. Or, si les fractions données sont irréductibles, le dénominateur commun doit être un multiple des leurs. Commençons donc par résoudre le problème suivant :

Convertir une fraction irréductible en une fraction équivalente ayant pour dénominateur un multiple du sien.

Soit, par exemple, à convertir $\frac{2}{3}$ en une fraction équivalente, ayant pour dénominateur 12. J'observe que la fraction cherchée doit s'obtenir en multipliant les deux termes de la proposée par un même nombre et que 12 doit être égal au produit de 3 par ce nombre. J'aurai donc celui-ci en divisant 12 par 3, et il ne me restera plus qu'à multiplier le numérateur 2 par le quotient 4 pour avoir le numérateur 8 de la fraction cherchée.

Ainsi, pour convertir une fraction irréductible en une fraction équivalente ayant pour dénominateur un multiple du sien, on divise ce multiple par le dénominateur et l'on multiplie le numérateur par le quotient, ce qui donne le numérateur de la fraction cherchée.

Cela posé, soit à réduire au même dénominateur

les fractions $\frac{5}{8}$ et $\frac{7}{9}$. Le dénominateur commun doit être un multiple de 8 et de 9; on peut donc prendre 8×9 pour dénominateur commun, et par suite le numérateur de chaque nouvelle fraction s'obtiendra en multipliant celui de la fraction correspondante par le dénominateur de l'autre fraction et l'on aura :

$$\frac{5}{8} = \frac{5 \times 9}{8 \times 9}, \quad \frac{7}{9} = \frac{7 \times 8}{9 \times 8}.$$

Règle. — Pour réduire deux fractions au même dénominateur, on multiplie les deux termes de chacune d'elles par le dénominateur de l'autre.

Soit maintenant à réduire au même dénominateur les fractions $\frac{5}{8}$, $\frac{7}{9}$ et $\frac{3}{11}$.

Le dénominateur commun doit être un multiple de 8, de 9 et de 11. On peut donc prendre $8 \times 9 \times 11$ pour dénominateur commun, et le numérateur de chaque nouvelle fraction s'obtiendra en multipliant celui de la fraction correspondante par le dénominateur des deux autres, ce qui donnera :

$$\frac{5}{8} = \frac{5 \times 9 \times 11}{8 \times 9 \times 11}, \quad \frac{7}{9} = \frac{7 \times 8 \times 11}{9 \times 8 \times 11}, \quad \frac{3}{11} = \frac{3 \times 8 \times 9}{11 \times 8 \times 9}.$$

Règle. — Pour réduire des fractions au même dénominateur, on multiplie les deux termes de chacune d'elles par le dénominateur de toutes les autres.

Addition des fractions.

L'addition des fractions présente quatre cas, selon qu'il s'agit de trouver la somme :

1° De deux fractions réduites au même dénominateur;

2° De deux fractions quelconques;

3° D'un entier et d'une fraction;

4° De deux expressions fractionnaires.

1er cas. — Soit à calculer $\frac{5}{7} + \frac{3}{7}$. J'opère comme s'il s'agissait d'additionner 5 unités et 3 unités, ce qui me donne 8, et j'exprime que la somme représente des 7mes, en lui donnant pour dénominateur 7. J'ai donc :

$$\frac{5}{7} + \frac{3}{7} = \frac{8}{7} = 1 + \frac{1}{7}.$$

Règle. — Pour additionner des fractions ayant le même dénominateur, on fait la somme des numérateurs et on lui donne le dénominateur commun.

2e cas. — Soit à calculer $\frac{5}{7} + \frac{2}{3}$. On réduit les fractions au même dénominateur et on retombe sur le cas précédent, ce qui donne :

$$\frac{5}{7} + \frac{2}{3} = \frac{29}{21} = 1 + \frac{8}{21}.$$

Règle. — Pour additionner des fractions quelconques, on les réduit au même dénominateur et l'on opère comme dans le premier cas.

3e cas. — Soit à calculer $12 + \frac{5}{7}$, ou, comme on dit souvent, à réduire l'expression fractionnaire $12 + \frac{5}{7}$ en une fraction. J'observe que l'unité valant $\frac{7}{7}$, j'ai :

$$12 + \frac{5}{7} = \frac{12 \times 7}{7} + \frac{5}{7}.$$
$$= \frac{12 \times 7 + 5}{7}$$
$$= \frac{89}{7}.$$

ARITHMÉTIQUE ÉLÉMENTAIRE.

Règle. — Pour faire la somme d'un entier et d'une fraction, on multiplie l'entier par le dénominateur de la fraction, on ajoute au produit le numérateur, et l'on donne au résultat pour dénominateur celui de la fraction.

4ᵉ cas. — Soit à faire la somme des expressions fractionnaires $8\frac{2}{3}$ et $6\frac{5}{7}$, ce qui peut s'écrire $(8\frac{2}{3})+(6\frac{5}{7})$.

On pourrait réduire chaque entier et la fraction qui l'accompagne en une seule fraction, puis additionner les fractions résultantes, mais il est plus expéditif d'additionner d'abord les fractions, d'extraire, s'il y a lieu, les entiers de leur somme et de les additionner à la somme des entiers.

L'opération se dispose alors ainsi :

$$
\begin{array}{r|l}
8\frac{2}{3} & \frac{14}{21} \\
6\frac{5}{7} & \frac{15}{21} \\
\hline
15\frac{8}{21} & \frac{29}{21} = 1\frac{8}{21}
\end{array}
$$

Règle. — Pour additionner des expressions fractionnaires, on fait la somme des fractions, on extrait, s'il y a lieu, les entiers de cette somme, puis on les ajoute à la somme des entiers.

Soustraction.

La soustraction des fractions présente quatre cas, suivant qu'il s'agit de trouver la différence :

1° De deux fractions réduites au même dénominateur ;

2° De deux fractions quelconques ;

3° D'un entier et d'une fraction ;

4° De deux expressions fractionnaires.

1ᵉʳ cas. — Soit à calculer $\frac{5}{7} - \frac{3}{7}$. J'opère comme s'il s'agissait de soustraire 3 de 5, et j'exprime que la différence 2 représente des 7ᵐᵉˢ, en lui donnant pour dénominateur 7, et j'ai $\frac{5}{7} - \frac{3}{7} = \frac{2}{7}$.

Règle. — Pour trouver la différence de deux fractions réduites au même dénominateur, on soustrait le plus petit numérateur du plus grand et l'on donne au reste le dénominateur commun.

2° cas. — Soit à calculer $\frac{5}{7} - \frac{2}{3}$. Je réduis les fractions données au même dénominateur et j'opère comme dans le premier cas, c'est-à-dire que j'ai :

$$\frac{5}{7} - \frac{2}{3} = \frac{1}{21}.$$

Règle. — Pour trouver la différence de deux fractions quelconques, on les réduit au même dénominateur et l'on opère comme dans le premier cas.

3° cas. — Soit à calculer $12 - \frac{5}{7}$. Je convertis 12 en 7ᵐᵉˢ et j'ai : $12 - \frac{5}{7} = \frac{12 \times 7}{7} - \frac{5}{7}$.

$$= \frac{12 \times 7 - 5}{7}$$

$$= \frac{79}{7}$$

Règle. — Pour soustraire une fraction d'un entier on multiplie l'entier par le dénominateur de la fraction, on soustrait du produit le numérateur, et l'on donne au reste pour dénominateur celui de la fraction.

4ᵉ cas. — Soit à calculer la différence des expressions fractionnaires $8\frac{2}{3}$ et $6\frac{4}{7}$, ce qui s'écrit :

$$(8\tfrac{2}{3}) - (6\tfrac{4}{7}).$$

Ici encore on pourrait réduire chaque entier en fraction, l'ajouter à la fraction qui l'accompagne, puis chercher la différence des fractions résultantes ; mais il est plus expéditif d'ajouter la différence des fractions à celle des entiers. Seulement il peut arriver que la fraction qui accompagne le plus grand nombre entier soit moindre que l'autre, et c'est précisément ce qui a lieu dans l'exemple proposé ; alors on augmente la plus petite fraction d'une unité, ce qui revient à ajouter son dénominateur à son numérateur, puis on retranche du résultat l'autre fraction et l'on a soin d'augmenter d'une unité le plus petit nombre entier avant de le soustraire de l'autre. L'opération se dispose ainsi :

$$
\begin{array}{c|c}
8\frac{2}{3} & \frac{14}{21} \\[2pt]
6\frac{4}{7} & \frac{12}{21} \\[2pt]
\hline
1\frac{10}{21} & \frac{20}{21}
\end{array}
$$

Et l'on voit que la fraction $\frac{14}{21}$ étant moindre que la fraction $\frac{12}{21}$, on l'augmente d'une unité en lui donnant 35 pour numérateur, ce qui permet de trouver la différence $\frac{10}{21}$, après quoi on augmente 6 d'une unité avant de le soustraire de 8.

Règle. — Pour trouver la différence de deux expressions fractionnaires, on ajoute la différence de leurs fractions à celle de leurs parties entières, et s'il arrive que la fraction jointe au plus petit nombre entier surpasse l'autre, on augmente celle-ci d'une unité, ce qui rend la soustraction possible, après quoi on ajoute également une unité au plus petit nombre entier.

Multiplication.

La multiplication des fractions présente quatre cas, suivant qu'il s'agit de multiplier :

1° Une fraction par un entier;

2° Un entier par une fraction;

3° Une fraction par une fraction;

4° Deux expressions fractionnaires l'une par l'autre.

1er cas. — Soit à calculer $\frac{4}{5} \times 8$. Il faut faire sur $\frac{4}{5}$ ce qu'on a fait sur 1 pour obtenir 8, et comme $8 = 1+1+1+1+1+1+1+1$, le produit cherché est la somme de 8 fractions égales à $\frac{4}{5}$. On a donc :

$$\frac{4}{5} \times 8 = \frac{4 \times 8}{5}.$$

Règle. — Pour multiplier une fraction par un entier, on multiplie le numérateur de la fraction par l'entier et l'on conserve son dénominateur.

2e cas. — Soit à calculer $8 \times \frac{4}{5}$. Il faut faire sur

8 ce qu'on a fait sur 1 pour obtenir $\frac{2}{3}$, et comme $\frac{2}{3}$ se forment en prenant le tiers de l'unité et en le répétant 2 fois, on prend le tiers de 8 qui est $\frac{8}{3}$, et on le répète 2 fois, ce qui donne $\frac{8 \times 2}{3}$. On a donc :

$$8 \times \frac{2}{3} = \frac{8 \times 2}{3}.$$

Règle. — Pour multiplier un entier par une fraction, on multiplie l'entier par le numérateur de la fraction et l'on conserve le numérateur de celle-ci.

3º cas. — Soit à calculer $\frac{2}{3} \times \frac{5}{8}$. Il faut faire sur $\frac{2}{3}$ ce qu'on a fait sur 1 pour obtenir $\frac{5}{8}$. Or, $\frac{5}{8}$ se forment en prenant le 8me de l'unité et en le répétant 5 fois ; le produit s'obtient donc en prenant le 8me de $\frac{2}{3}$, qui est $\frac{2}{3 \times 8}$, et en le répétant 5 fois, ce qui donne $\frac{2 \times 5}{3 \times 8}$. On a donc :

$$\frac{2}{3} \times \frac{5}{8} = \frac{2 \times 5}{3 \times 8}.$$

Règle. — Pour multiplier deux fractions l'une par l'autre, on divise le produit des numérateurs par le produit des dénominateurs.

4º cas. — Soit à calculer le produit de $8\frac{2}{3}$ par $5\frac{1}{8}$, ce qui s'écrit : $(8\frac{2}{3})(5\frac{1}{8})$. Le plus simple est ici de réduire chaque expression fractionnaire en une seule fraction, et de multiplier l'une par l'autre les fractions résultantes, ce qui donne :

$$(8\tfrac{2}{3})(5\tfrac{1}{8}) = \frac{26}{3} \times \frac{41}{8}.$$

Règle. — Pour multiplier deux expressions fractionnaires l'une par l'autre, on les réduit en fractions et l'on fait le produit des fractions résultantes.

REMARQUE. — Puisque la multiplication d'un nombre entier par une fraction consiste à faire sur ce nombre ce qu'on a fait sur l'unité pour obtenir la fraction, il est clair que le produit est moindre que le multiplicande, égal à ce multiplicande ou plus grand que lui, selon que la fraction est moindre que l'unité, égale à l'unité, ou plus grande que l'unité.

Ainsi multiplier 12, par exemple, par $\frac{3}{4}$, par $\frac{4}{4}$, par $\frac{5}{4}$, c'est prendre les $\frac{3}{4}$, les $\frac{4}{4}$ et les $\frac{5}{4}$ de 12, ce qui donne 9, 12, 15 pour produit.

Il est facile d'étendre aux fractions les théorèmes démontrés pour les nombres entiers à la suite de la multiplication; aussi ne démontrerons-nous que le suivant :

Le produit de deux ou plusieurs fractions ne change pas, quand on intervertit l'ordre des facteurs.

Ainsi : $\frac{2}{3} \times \frac{5}{8} \times \frac{7}{9} = \frac{2}{3} \times \frac{7}{9} \times \frac{5}{8}$.

En effet, on a : $\frac{2}{3} \times \frac{5}{8} \times \frac{7}{9} = \frac{2 \times 5 \times 7}{3 \times 8 \times 9}$

$$= \frac{2 \times 7 \times 5}{3 \times 9 \times 8}$$

$$= \frac{2}{3} \times \frac{7}{9} \times \frac{5}{8}.$$

Division.

La division des fractions présente quatre cas, suivant qu'il s'agit de diviser :

1° Une fraction par un entier ;

2° Un entier par une fraction ;

3° Une fraction par une fraction ;

4° Deux expressions fractionnaires l'une par l'autre.

1er cas. — Soit à calculer $\frac{5}{7} : 8$. Il faut trouver un nombre appelé quotient qui, multiplié par 8, donne pour produit $\frac{5}{7}$; le quotient est donc 8 fois plus petit que $\frac{5}{7}$, c'est-à-dire $\frac{5}{7 \times 8}$, d'où :

$$\frac{5}{7} : 8 = \frac{5}{7 \times 8}.$$

Règle. — Pour diviser une fraction par un nombre entier, on multiplie le dénominateur de cette fraction par l'entier.

2e cas. — Soit à calculer $8 : \frac{5}{7}$. Il faut trouver un nombre appelé quotient qui, multiplié par $\frac{5}{7}$, donne pour produit 8, ou dont les $\frac{5}{7}$ vaillent 8. Or :

$$\text{Si } \frac{5}{7} \text{ du quotient valent } 8,$$
$$\frac{1}{7} \quad - \quad \text{vaut} \quad \frac{8}{5},$$
$$\frac{7}{7} \quad - \quad \text{valent } \frac{8 \times 7}{5}.$$

Mais ce dernier résultat peut s'écrire $8 \times \frac{7}{5}$.

Donc : $8 : \frac{5}{7} = 8 \times \frac{7}{5}$.

Règle. — Pour diviser un entier par une fraction, on multiplie l'entier par la fraction renversée.

3e cas. — Soit à calculer $\frac{5}{7} : \frac{5}{7}$. Il faut trouver un nombre appelé quotient qui, multiplié par $\frac{4}{5}$, donne pour produit $\frac{2}{3}$, ou dont les $\frac{4}{5}$ vaillent $\frac{2}{3}$. Or :

$$\text{Si } \tfrac{4}{5} \text{ du quotient valent } \tfrac{2}{3},$$
$$\tfrac{1}{5} \quad - \quad \text{vaut } \tfrac{2}{3\times5},$$
$$\tfrac{5}{5} \quad - \quad \text{valent } \tfrac{2\times5}{3\times4}.$$

Mais ce dernier résultat peut s'écrire : $\frac{2}{3} \times \frac{5}{4}$.

Donc : $\frac{2}{3} : \frac{4}{5} = \frac{2}{3} \times \frac{5}{4}$.

Règle. — Pour diviser une fraction par une autre, on multiplie la fraction dividende par la fraction diviseur renversée.

4ᵉ cas. — Soit à diviser $7\frac{4}{5}$ par $2\frac{3}{4}$, ce qui s'écrit : $(7\frac{4}{5}) : (2\frac{3}{4})$. On réduit chaque entier et la fraction qui l'accompagne en une seule fraction, puis on divise l'une par l'autre les fractions résultantes, ce qui donne :

$$(7\tfrac{4}{5}) : (2\tfrac{3}{4}) = \tfrac{39}{5} : \tfrac{11}{4}.$$

Règle. — Pour diviser l'une par l'autre deux expressions fractionnaires, on les réduit l'une et l'autre en fractions et l'on cherche le quotient des fractions résultantes.

REMARQUE. — Il arrive quelquefois qu'on a à chercher le quotient de la division de deux fractions réduites au même dénominateur. Ce quotient s'obtient en divisant le numérateur du dividende par celui du diviseur.

$$\text{Exemple} : \tfrac{5}{9} : \tfrac{7}{9} = \tfrac{5\times9}{9\times7} = \tfrac{5}{7}.$$

FRACTIONS DES NOMBRES DÉCIMAUX

On appelle *fraction décimale* toute fraction dont le dénominateur est l'unité suivie de un ou de plusieurs zéros. Ainsi $\frac{21}{100}$ est une fraction décimale.

On a reconnu la possibilité d'écrire les fractions décimales sous forme entière et l'on a donné à leurs expressions sous cette forme le nom de *nombres décimaux*. A cet effet, observons d'abord que :

$$1 = \frac{10}{10}$$
$$\frac{1}{10} = \frac{10}{100}$$
$$\frac{1}{100} = \frac{100}{1000},$$

en sorte qu'il y a la même relation entre l'unité, le dixième, le centième, le millième, qu'entre mille, cent, dix et un. On a été naturellement conduit par là à regarder les dixièmes, les centièmes, les millièmes comme des unités du premier, du deuxième, du troisième ordre; puis on est convenu d'exprimer ces nouvelles unités par des chiffres placés au premier, au deuxième, au troisième rang, à droite du chiffre des unités simples, en ayant soin de faire suivre ce dernier chiffre d'une virgule.

D'après cela, l'expression fractionnaire $58 + \frac{1}{10} + \frac{2}{100} + \frac{1}{1000}$ devient le nombre décimal 58,235, qui se lit 58 unités, 2 dixièmes, 3 centièmes, 5 millièmes. Mais ce nombre représente aussi $58 + \frac{235}{1000}$; on peut donc le lire $58\frac{235}{1000}$. Enfin, le même nombre décimal représente la fraction $\frac{58235}{1000}$, et par suite peut se lire 58235 millièmes.

La partie d'un nombre décimal qui se trouve à gauche de la virgule s'appelle *partie entière* et le reste du nombre en est la *partie décimale.* Les chiffres de celle-ci s'appellent indifféremment *décimales* ou *chiffres décimaux.*

THÉORÈME I. — On n'altère pas un nombre décimal lorsqu'on écrit ou qu'on supprime des zéros à sa droite.

Ainsi : 28,56 = 28,560.

En effet, ces deux nombres décimaux équivalent l'un à $\frac{2856}{100}$ et l'autre à $\frac{28560}{1000}$. Or, ces fractions sont équivalentes, puisque la deuxième n'est que la première dont on a multiplié les deux termes par 10.

THÉORÈME II. — On multiplie ou l'on divise un nombre décimal par 10, suivant qu'on y déplace la virgule d'un rang vers la droite ou vers la gauche, c'est-à-dire suivant qu'on y avance ou qu'on y recule la virgule d'un rang.

Soit le nombre 58,86.

Si j'avance la virgule d'un rang, j'ai 548,6, et je dis que ce nombre vaut dix fois le premier.

En effet, ces deux nombres équivalent l'un à $\frac{5486}{100}$, l'autre à $\frac{5486}{10}$. Or, la deuxième fraction est 10 fois plus grande que la première, puisqu'on l'obtient en divisant par 10 le dénominateur de celle-ci.

RÉCIPROQUEMENT, si l'on recule la virgule d'un rang dans le nombre 548,6 on trouve le nombre 10 fois plus petit, 54,86.

REMARQUE. — Si l'on veut avancer la virgule de trois rangs, par exemple dans le nombre 54,86, il faut suppléer par des zéros les décimales qui manquent, et l'on trouve ainsi 54860. On procède d'ailleurs de la même façon quand il s'agit de reculer la virgule dans un nombre où les chiffres de la partie entière ne sont pas suffisants. Ainsi, pour reculer la virgule de trois rangs dans le nombre 54,86, on écrira : 0,05486.

Les opérations relatives aux nombres décimaux présentent la plus grande analogie avec celles qu'on effectue sur les nombres entiers.

Addition.

Soit à calculer : 5,82 + 12,7 + 0,348.

On peut convertir les deux premiers nombres donnés en millièmes, ce qui donne :

$$5,820 + 12,700 + 0,348,$$

puis faire la somme des nombres 5820, 12700, 0348, et finalement indiquer que cette somme exprime des millièmes, en y séparant trois décimales. Mais, dans la pratique, on néglige de suppléer par des zéros les décimales qui manquent : on écrit simplement les

$$
\begin{array}{r}
5,82 \\
12,7 \\
0,348 \\
\hline
18,868
\end{array}
$$

nombres donnés les uns sous les autres, de telle sorte que les chiffres de même rang se correspondent, puis on fait la somme 18868 sans s'occuper de la virgule, et l'on y écrit cette virgule au même rang que dans les nombres donnés, ce qui donne 18,868.

Règle.—Pour additionner des nombres décimaux, on les écrit les uns sous les autres, de telle sorte que les chiffres de même rang se correspondent, puis on les additionne sans s'occuper de la virgule et l'on écrit cette virgule dans la somme, à la même place que dans les nombres donnés.

Soustraction.

Soit à calculer 54,296 — 8,32.

On peut convertir le deuxième nombre en millièmes et calculer 54,296 — 8,320, ce qui revient à soustraire 8320 de 54296, puis indiquer que la différence exprime des millièmes, en y séparant trois décimales; mais il est encore inutile de remplacer

par des zéros les décimales qui manquent : on se
contente d'écrire le plus petit nombre sous le plus
grand, de telle sorte que les chiffres du même rang

$$\begin{array}{r} 54{,}296 \\ 8{,}320 \\ \hline 45{,}976 \end{array}$$

se correspondent, puis de calculer la différence
45976 sans s'occuper de la virgule, et il ne reste
plus qu'à placer cette virgule dans la différence au
même rang que dans les nombres donnés, ce qui
donne 45,976.

Règle. — Pour trouver la différence de deux nombres décimaux, on écrit le plus petit sous le plus
grand, de telle sorte que les chiffres de même rang
se correspondent, puis on fait la soustraction sans
s'occuper de la virgule, et l'on place cette virgule
dans la différence au même rang que dans les nombres donnés.

Multiplication.

Soit à calculer 54,296 × 8,32.

J'observe que le multiplicande revient à $\frac{54296}{1000}$, le
multiplicateur à $\frac{832}{100}$, et le produit à $\frac{54296}{1000} \times \frac{832}{100} =
\frac{54296 \times 832}{1000 \times 100}$.

Or, pour effectuer ce produit, il suffit de multiplier 54296 par 832, puis de diviser le résultat par

1000 et par 100, c'est-à-dire séparer autant de décimales qu'il y en a dans les deux facteurs. L'opéra-

$$54,296$$
$$8,32$$
$$\overline{108592}$$
$$162888$$
$$434368$$
$$\overline{451,74272}$$

tion se fera donc sans s'occuper de la virgule, et l'on aura de la sorte 451,74272.

Règle. — Pour trouver le produit de deux nombres décimaux, on dispose l'opération comme pour les nombres entiers, puis on l'effectue sans s'occuper de la virgule et l'on sépare au produit autant de décimales qu'il y en a dans les deux facteurs.

Division.

La division des nombres décimaux présente deux cas, selon que le diviseur est entier ou décimal.

1ᵉʳ cas. — Soit à calculer 53,416 : 12.

J'observe que le dividende revient à $\frac{53416}{1000}$ et le quotient à $\frac{53416}{1000} : 12 = \frac{53416}{1000 \times 12}$.

Or, pour effectuer ce quotient, je puis diviser 53416 par 12, puis diviser le quotient par 1000, ce qui se fera en y séparant trois décimales. L'opéra-

$$\begin{array}{r|l} 53416 & 12 \\ 54 & \overline{4,551} \\ 61 & \\ 16 & \\ 4 & \end{array}$$

tion donne ainsi pour le quotient cherché 4,451, et pour reste 0,004.

Règle. — Pour diviser un nombre décimal par un nombre entier, on effectue la division sans s'occuper de la virgule, et l'on sépare au quotient autant de décimales qu'il y en a dans le dividende.

2ᵉ cas. — Soit à calculer 53,416 : 0,12.

J'observe que le dividende revient à $\frac{53416}{1000}$, le diviseur à $\frac{12}{100}$, et le quotient à $\frac{53416}{1000} : \frac{12}{100} = \frac{53416 \times 100}{1000 \times 12}$.

Or, je n'altère pas le quotient cherché en divisant les deux termes de la dernière fraction par 1000, ce qui me conduit à calculer $\frac{53416}{12}$. Tout se réduit donc à avancer la virgule au dividende d'autant de rangs qu'il y a de décimales au diviseur, puis à supprimer la virgule dans celui-ci, ce qui ramène l'opération au premier cas. On trouve ainsi, pour le quotient cherché, 445,1.

Règle. — Pour diviser un nombre quelconque par un nombre décimal, on avance la virgule au dividende d'autant de rangs qu'il y a de décimales dans le diviseur, puis on supprime la virgule dans ce dernier et l'opération est ramenée soit au premier cas de la division des nombres décimaux, soit à la division des nombres entiers.

SYSTÈME MÉTRIQUE

On appelle *système métrique* l'ensemble des mesures uniformément adoptées en France et dans les colonies françaises.

Les principales unités du système métrique sont au nombre de cinq, savoir : les unités de longueur, de surface, de volume, de poids et de monnaie.

Chaque unité principale a ordinairement des multiples qui sont de 10 en 10 fois plus grands et des sous-multiples qui sont de 10 en 10 fois plus petits.

Les multiples se nomment en plaçant devant le nom de l'unité principale les mots tirés du grec :

$$\text{Déca} = 10;$$
$$\text{Hecto} = 100;$$
$$\text{Kilo} = 1000;$$
$$\text{Myria} = 10000.$$

Les sous-multiples s'expriment pareillement en faisant précéder le nom de l'unité principale des mots tirés du latin :

$$\text{Déci} = 0,1;$$
$$\text{Centi} = 0,01;$$
$$\text{Milli} = 0,001.$$

Unités de longueur.

L'unité de longueur est le *mètre*. C'est la dix-millionième partie du quart du méridien terrestre, ou la quarante-millionième partie du tour de la terre. Un nombre de mètres se désigne par la lettre *m*.

Les multiples du mètre sont :

$$\text{Décamètre} = 10^m;$$
$$\text{Hectomètre} = 100^m;$$
$$\text{Kilomètre} = 1000^m;$$
$$\text{Myriamètre} = 10000^m.$$

Les sous-multiples du mètre sont :

$$\text{Décimètre} = 0^m,1;$$
$$\text{Centimètre} = 0^m,01;$$
$$\text{Millimètre} = 0^m,001.$$

Le mètre s'emploie ordinairement sous forme de règle divisée en décimètres et centimètres, et les extrémités de la règle portent des talons en cuivre pour que la longueur du mètre soit constante.

Le double décimètre s'emploie sous forme de règle, dans les bureaux.

Le décamètre est la longueur de la chaîne d'arpentage.

L'hectomètre et le kilomètre servent à marquer les subdivisions et les divisions des grandes routes.

Enfin, le myriamètre est employé dans la mesure des grandes distances terrestres ou marines.

Le quart du méridien terrestre contient 90 degrés, et le degré se divise habituellement en 25 parties égales qu'on appelle *lieues* de 25 au degré. La longueur du quart du méridien étant de 10,000,000 de kilomètres, celle de la lieue sera donc $\frac{10000000}{90 \times 25} = 4444^m$. La lieue ordinaire n'est que de 4 kilomètres.

Comme le degré se divise en 60 minutes, la longueur d'une minute de degré est égale à $\frac{10000000}{90 \times 60} = 1851^m$. Cette longueur a reçu le nom de *mille marin*.

Unités de surface.

L'unité de surface est le carré qui a pour côté l'unité de longueur. En France, l'unité de surface est le *mètre carré*. Un nombre de mètres carrés se désigne par m^2.

Les multiples du mètre carré sont des carrés de 10 mètres, de 100 mètres, de 1000 mètres et de 10000 mètres de côté. On les appelle respectivement :

> Décamètre carré ;
> Hectomètre carré ;
> Kilomètre carré ;
> Myriamètre carré.

Les sous-multiples du mètre carré sont des carrés

ayant $0^m,1$ — $0^m,01$ — $0^m,001$ de côté; de là leurs noms de :

Décimètre carré;
Centimètre carré;
Millimètre carré.

Les multiples et sous-multiples du mètre carré sont de 100 en 100 fois plus grands ou plus petits que lui. Pour le faire voir, soit ABCD un mètre carré;

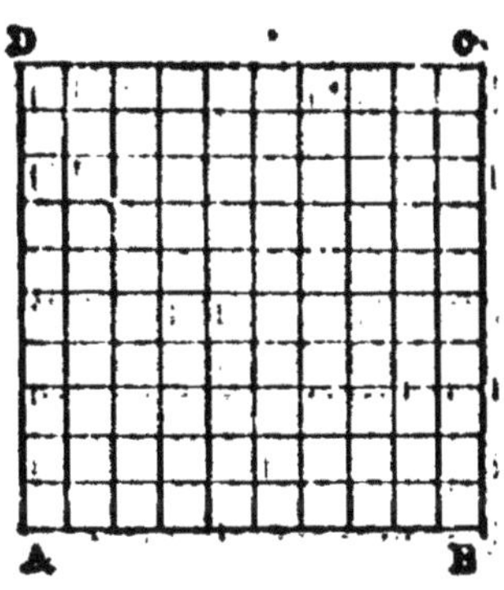

je partage le côté AD en dix décimètres et en menant, par les points de division, des parallèles à AB; je décompose le mètre carré en dix rectangles ayant chacun 1 mètre de longueur sur 1 décimètre de hauteur. Si je décompose actuellement AB en 10 décimètres et que, par les points de division, je mène des parallèles à AD; chaque rectangle se trouve décomposé en dix carrés de 1 décimètre de côté, c'est-à-dire en 10 décimètres carrés. Le mètre carré contiendra donc bien $10 \times 10 = 100$ décimètres carrés.

On verrait de même que le décimètre carré vaut 100 centimètres carrés, en sorte que le mètre carré vaut $100 \times 100 = 10000$ centimètres carrés. De même le centimètre carré valant 100 millimètres carrés, le mètre carré vaudra $10000 \times 100 = 1000000$ millimètres carrés. De là, le tableau suivant :

$$\text{Décimètre carré} = 0^{m^2},01 ;$$
$$\text{Centimètre carré} = 0^{m^2},0001 ;$$
$$\text{Millimètre carré} = 0^{m^2},000001.$$

Il suit de là que le nombre $108^{m^2},5432685$ doit se lire : 108 mètres carrés, 54 décimètres carrés, 32 centimètres carrés, 68,5 millimètres carrés.

Le mètre carré sert à évaluer les petites surfaces, telles que les murs d'une chambre, le parquet, etc.

On donne aux grandes surfaces le nom de *superficie*. L'unité de superficie est le *décamètre carré*, auquel on donne le nom d'*are*. Un nombre d'ares se désigne par la lettre a.

L'are n'admet qu'un multiple, qui est l'hectare $= 100^a$, et un sous-multiple, le centiare $= 0^a,01$. La raison en est que l'hectare est un carré d'un hectomètre de côté et le centiare un mètre carré, tandis qu'avec 10 ares, par exemple, on ne saurait faire un carré.

Unités de volume.

L'unité de volume est, dans chaque pays, le cube, qui a pour côté l'unité de longueur. En France, l'unité de volume est le *mètre cube*. Un nombre de mètres cubes se désigne par m^3.

Le mètre cube n'a pas de multiple, mais il a pour sous-multiples :

le décimètre cube,

le centimètre cube,

le millimètre cube,

qui sont des cubes ayant respectivement :

$$0^m,1 - 0^m,01 - 0^m,001 \text{ de côté.}$$

En général, les sous-multiples du mètre cube sont de 1000 en 1000 fois plus petits ; ainsi le mètre cube vaut 1000 décimètres cubes.

Pour le faire voir, soit ABCDEFGH un mètre cube. Si je partage les arêtes AE, BF, CG et DH en 10 parties égales et que je joigne deux à deux les points de division, je décompose le mètre cube en 10 tranches telles que ABCDA'B'C'D', ayant chacune un mètre carré de base et un décimètre de hauteur. Or, la base A'B'C'D' contient 100 décimètres carrés ; la première tranche contient donc, par suite, 100 décimètres cubes, et comme il en est de même des autres

tranches, le mètre cube vaut $100 \times 10 = 1000$ décimètres cubes. De même le décimètre cube vaut 1000
centimètres cubes, et le centimètre cube 1000 milli-

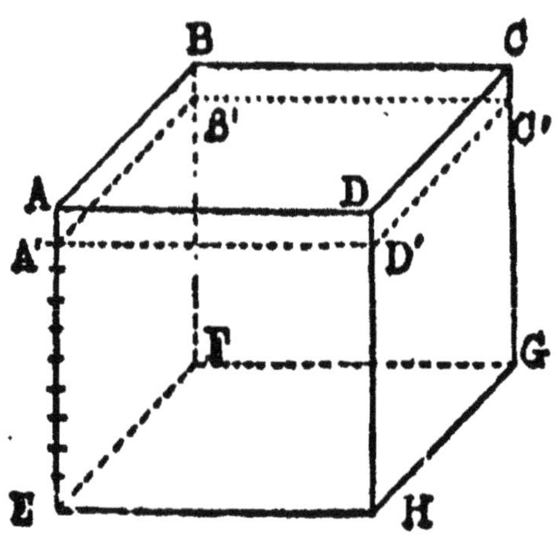

mètres cubes ; d'où il suit que le mètre cube vaut
$1000 \times 1000 = 1000000$ de centimètres cubes, et
$1000000 \times 1000 = 1000000000$ de millimètres cubes. On a, d'après cela :

$$\text{décimètre cube } = 0^{m^3},001,$$
$$\text{centimètre cube } = 0^{m^3},000001,$$
$$\text{millimètre cube } = 0^{m^3},000000001,$$

et, par suite, le nombre $36^{m^3},547328864$ doit se lire :
36 mètres cubes, 547 décimètres cubes, 328 centimètres cubes, 864 millimètres cubes.

Le mètre cube et ses sous-multiples servent à

évaluer les volumes peu considérables, tels que la maçonnerie, la pierre à bâtir, le bois de charpente, etc.

Employé pour mesurer le bois de chauffage, le mètre cube prend le nom de *stère*. Il admet alors pour multiples le décastère, valant 10 stères, et le décistère, valant 0,1 de stère.

Le *décimètre cube* est l'unité de capacité employée pour mesurer les grains et les liquides; on lui donne le nom de *litre*. Un nombre de litres se désigne par la lettre *l*.

Les multiples du litre sont :

$$\text{le décalitre} = 10 \; l.$$
$$\text{l'hectolitre} = 100 \; l.$$

Le kilolitre, qui vaudrait un mètre cube, n'est pas employé.

Les sous-multiples du litre sont :

$$\text{le décilitre} = 0^l,1 ;$$
$$\text{le centilitre} = 0^l,01 ;$$
$$\text{le millilitre} = 0^l,001.$$

On peut observer que le millilitre n'est autre que le centimètre cube.

Lorsqu'il est destiné à la mesure des liquides, le litre est en étain ou en fer-blanc; il affecte alors la forme d'un cylindre dont le diamètre est égal soit à la hauteur même, soit à la moitié de la hauteur.

Le litre, dont on se sert pour mesurer les grains, est un cylindre de bois dont le diamètre égale la hauteur.

Unité de poids.

On a pris pour unité de poids le *gramme*. C'est le poids d'un centimètre cube d'eau distillée et ramenée à la température de 4 degrés. Un nombre de grammes se désigne par la lettre g.

Les multiples du gramme sont :

décagramme   = 10 g.
hectogramme = 100 g.
kilogramme   = 1000 g.
myriagramme = 10000 g.

Ce sont des poids de cuivre affectant la forme d'un cylindre surmonté d'un bouton, ou des poids de fonte ayant une forme pyramidale et surmontés d'un anneau.

Les sous-multiples du gramme sont :

décigramme   = $0^g,1$;
centigramme = $0^g,01$;
milligramme = $0^g,001$.

Les sous-multiples sont de petits poids de cuivre et finissent par n'être que de simples paillettes métalliques.

Unité de monnaie.

L'unité monétaire est le *franc*. C'est une pièce du poids de 5 grammes, formée d'un alliage d'argent et de cuivre. Les $\frac{9}{10}$ de son poids sont d'argent, ce qu'on exprime en disant que l'argent est au titre de $\frac{9}{10}$.

Les multiples du franc sont des pièces d'or de 10 et de 100 fr. Ces pièces sont également au titre de $\frac{9}{10}$.

Les sous-multiples du franc sont les pièces de cuivre de 1 décime et de 1 centime.

Un nombre de francs se désigne par la lettre *f*. On lira donc 26^f,45 : 26 francs 45 centimes.

A égalité de poids, la monnaie d'or vaut quinze fois et demie la monnaie d'argent. Ainsi 200 fr. d'argent monnayé, pesant juste un kilogramme, le kilogramme de monnaie d'or vaudrait $200 \times 15,5 = 3100$ fr.

Nous n'avons mentionné que les multiples ou sous-multiples de chaque unité tels qu'ils sont donnés par le système décimal. La loi autorise néanmoins le double et la moitié de la plupart des unités principales, de leurs multiples et de leurs sous-multiples. C'est ainsi que, pour les besoins du commerce, on admet les pièces de 2 fr. et d'un demi-franc, de 5 fr. et de 20 fr., etc.

Conversion des anciennes mesures en nouvelles.

L'ancienne unité de longueur était la *toise*.

Le quart du méridien terrestre ayant été trouvé de 5130740 toises, on a 5130740^t = 10000000^m; d'où une toise égale $\frac{10000000}{5130740}$ = 1^m,949.

L'ancienne unité de surface était la *toise carrée* ou 3^{m2},798744 et l'ancienne unité de volume était la *toise cube*, c'est-à-dire 7^{m3},40389.

L'ancienne unité de poids était la *livre-poids*; elle se divisait en 2 *marcs*; le *marc* en 8 *onces*; l'once en 8 *gros*; le gros en 72 *grains*, ce qui faisait 9216 grains à la livre.

Le kilogramme ayant été trouvé de 18827 grains, on voit que le grain égale 1,8827 de kilogramme, et que par conséquent la livre-poids vaut $\frac{18827^k}{......}$, c'est-à-dire un peu moins d'un demi-kilo.

L'ancienne unité monétaire s'appelait également *livre*.

On a trouvé que 81 livres valent à peu près 80 fr. La valeur de la livre monétaire en francs est donc $\frac{80^f}{81}$, ou un peu moins d'un franc.

Pour convertir rapidement les anciennes mesures en nouvelles, on a dressé des tables de conversion renfermant les valeurs des neuf premiers multiples des anciennes unités en nouvelles. Ainsi, pour con-

vertir les toises en mètres, on a dressé le tableau
suivant :

Toises.	Mètres.
1	1,949036
2	3,898072
3	5,847108
4	7,796144
5	9,745180
6	11,694216
7	13,643252
8	15,592288
9	17,541324

Pour montrer l'usage d'un pareil tableau, propo-
sons-nous de convertir 496 toises en mètres. Comme
ce nombre se compose de 400 + 90 + 6 toises,
nous n'aurons qu'à multiplier la valeur de 4 toises
par 100, celle de 9 toises par 10 et ajouter les deux
nombres obtenus à la valeur de 6 toises, ce qui donne
le calcul suivant :

$$400^t = 779^m,6144$$
$$90 = 175\ ,41324$$
$$6 = 11\ ,694216$$
$$\overline{496^t = 966^m,7218}$$

Ce qui donne approximativement 496 toises =
$966^m,722$.

RAPPORTS ET PROPORTIONS.

Une grandeur est *multiple* d'une autre quand elle
est partagée en parties égales à cette autre.

Ainsi la droite AB, qui est formée de cinq parties

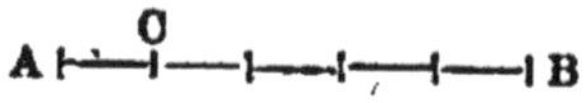

$$A \;\vdash\!\!\overset{O}{\text{---}}\!\!\dashv\text{---}\vdash\!\!\dashv\text{---}\vdash\!\!\dashv\; B$$

égales à la droite AC, est un multiple de cette dernière droite.

Deux grandeurs de même espèce sont *commensurables* lorsqu'elles sont l'une et l'autre des multiples d'une autre grandeur que l'on nomme leur *commune mesure*. Deux grandeurs de même espèce qui n'ont pas de commune mesure sont dites *incommensurables*.

Le *rapport* de deux grandeurs commensurables est le quotient des nombres qui indiquent combien de fois elles contiennent une commune mesure.

Soient les droites AB et CD, qui contiennent, l'une 5 fois, l'autre 8 fois, une commune mesure. Elles

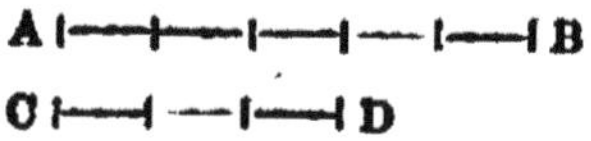

$$A \;\vdash\!\!\text{---}\!\!\dashv\text{---}\vdash\!\!\text{---}\dashv\text{---}\vdash\!\!\text{---}\dashv\; B$$
$$C \;\vdash\!\!\text{---}\!\!\dashv\text{---}\vdash\!\!\text{---}\dashv\; D$$

donnent lieu à deux rapports qui se désignent, l'un par $\dfrac{AB}{CD}$, l'autre par $\dfrac{CD}{AB}$, et l'on a, par définition,

$\dfrac{AB}{CD} = \dfrac{5}{8}$ et $\dfrac{CD}{AB} = \dfrac{8}{5}$, ce qui veut dire, en d'autres termes, que AB est les $\frac{5}{8}$ de CD et que CD est les $\frac{8}{5}$ de AB, ou encore que $AB = CD \times \frac{5}{8}$ et $CD = AB \times \frac{8}{5}$.

Les rapports $\dfrac{AB}{CD}$ et $\dfrac{CD}{AB}$ s'appellent l'un *direct* et l'autre *inverse*.

Deux grandeurs incommensurables n'ayant pas de commune mesure ne peuvent pas avoir de rapport.

Cependant, soient AB et CD deux grandeurs incommensurables. Rien n'empêche de partager CD en un nombre quelconque de parties égales et de porter sur AB une des parties égales, autant de fois qu'elle

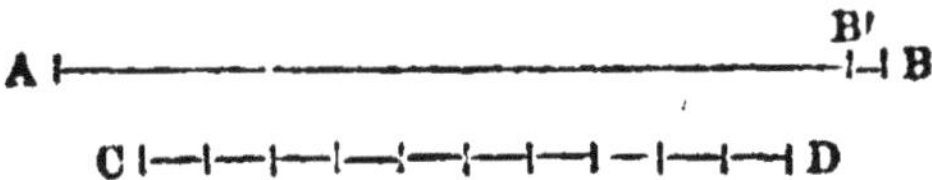

pourra y être contenue. On se procurera de la sorte une droite AB′ différente de AB d'aussi peu qu'on voudra ; car la différence B′B étant moindre qu'une division de CD, on pourra la faire décroître infiniment, en divisant CD en un plus grand nombre de parties égales. On voit alors que le rapport $\dfrac{AB'}{CD}$ s'approchera nécessairement d'une certaine limite, et cette limite est ce qu'on appelle le rapport de AB à CD. C'est ce qu'on exprime souvent en disant que deux grandeurs incommensurables ont une commune mesure infiniment petite.

THÉORÈME. — Si l'on donne le rapport d'une grandeur à une autre et le rapport de celle-ci à une troisième, le produit de ces deux rapports est égal au rapport de la première grandeur à la troisième.

Soient AB, CD, EF, trois droites telles que l'on ait $\dfrac{AB}{CD} = \dfrac{5}{6}$ et $\dfrac{CD}{EF} = \dfrac{2}{3}$. On en conclut :

$$AB = CD \times \tfrac{5}{6} \text{ et } CD = EF \times \tfrac{2}{3};$$

d'où, en remplaçant CD par sa valeur,

$$AB = EF \times \tfrac{2}{3} \times \tfrac{5}{6}$$

et, par suite : $\dfrac{AB}{EF} = \tfrac{2}{3} \times \tfrac{5}{6}$.

On dit que deux grandeurs de même espèce sont directement ou inversement proportionnelles à deux autres grandeurs de même espèce, suivant que le rapport direct des premières est égal au rapport direct ou inverse des secondes.

Soient A et B deux grandeurs de même espèce, et A′ et B′ deux autres grandeurs de même espèce, mais qui peuvent n'être pas de même nature que les premières. Ces quatre grandeurs sont directement proportionnelles si l'on a $\dfrac{A}{B} = \dfrac{A'}{B'}$, et inversement proportionnelles, si l'on a $\dfrac{A}{B} = \dfrac{B'}{A'}$.

L'égalité de deux rapports s'appelle *proportion*.

Ainsi $\dfrac{A}{B} = \dfrac{A'}{B'}$ est une proportion qui se lit : A *est à* B *comme* A′ *est à* B′.

Les quatre grandeurs A et B, A′ et B′, s'appellent

les *termes* de la proportion. Le premier terme A et le quatrième B' prennent le nom d'*extrêmes*, le deuxième B et le troisième A' celui de *moyens*.

Si le rapport $\frac{A}{B} = \frac{2}{3}$, par exemple, et le rapport $\frac{A'}{B'} = \frac{8}{12}$, la proportion $\frac{A}{B} = \frac{A'}{B'}$ se traduit par la proportion numérique $\frac{2}{3} = \frac{8}{12}$.

Nous ne considérerons à l'avenir que des proportions numériques, en leur appliquant toutes les définitions précédentes.

On appelle *quatrième proportionnelle* à trois nombres le quatrième terme d'une proportion qui commence par ces nombres.

Ainsi, dans la proportion $\frac{2}{3} = \frac{8}{12}$, le nombre 12 est une quatrième proportionnelle aux nombres 2, 3, 8.

THÉORÈME. — Dans toute proportion, le produit des extrêmes est égal au produit des moyens.

Soit la proportion $\frac{2}{3} = \frac{8}{12}$.

Je dis qu'on a nécessairement $2 \times 12 = 3 \times 8$.

En effet, si les fractions $\frac{2}{3}$ et $\frac{8}{12}$ sont équivalentes, elles le seront encore quand je multiplierai les deux termes de la première par 12 et les deux termes de la seconde par 3, ce qui donnera :

$$\frac{2 \times 12}{3 \times 12} = \frac{8 \times 3}{12 \times 3}.$$

Or, les dénominateurs de ces nouvelles fractions sont égaux ; il faut donc nécessairement aussi que leurs numérateurs le soient, c'est-à-dire qu'on ait $2 \times 12 = 8 \times 3$.

COROLLAIRE. — La quatrième proportionnelle à trois nombres s'obtient en divisant le produit des moyens par l'extrême connu.

Soit à trouver la quatrième proportionnelle x aux nombres 2, 3 et 8.

On doit avoir la proportion $\frac{2}{3} = \frac{8}{x}$.

J'égale le produit des extrêmes à celui des moyens, ce qui me donne $2x = 3 \times 8$, et de là je tire $x = \frac{3 \times 8}{2}$.

THÉORÈME. — Si quatre nombres sont dans un ordre tel que le produit des extrêmes soit égal au produit des moyens, ces nombres sont en proportion.

Soient les nombres 2, 3, 8, 12, tels que $2 \times 12 = 3 \times 8$. Je dis que ces quatre nombres forment une proportion.

En effet, les produits 2×12 et 3×8 étant égaux donneront des quotients égaux si nous les divisons par un même nombre 3×12. On a donc :

$$\frac{2 \times 12}{3 \times 12} = \frac{3 \times 8}{3 \times 12} \text{ ou simplement } \frac{2}{3} = \frac{8}{12}.$$

COROLLAIRE. — Si l'on fait subir à une proportion tous les changements qui n'altèrent pas l'égalité du produit des extrêmes et du produit des moyens, on en déduit d'autres proportions.

Ainsi dans la proportion $\frac{2}{3} = \frac{8}{12}$, on peut déduire $\frac{3}{2} = \frac{12}{8}$, qui est encore une autre proportion.

En effet, on a pour hypothèse $\frac{2 \times 12}{3 \times 8}$, dont les quatre nombres sont dans un ordre tel que le produit des extrêmes est égal au produit des moyens.

THÉORÈME. — Dans toute proportion, la somme des numérateurs est à la somme des dénominateurs comme un numérateur est à son dénominateur.

Soit la proportion $\frac{2}{3} = \frac{8}{12}$.

On a, d'un côté, $\frac{2}{3} = \frac{2}{3}$, d'où l'on tire $2 = 3 \times \frac{2}{3}$; d'un autre côté, $\frac{8}{12} = \frac{2}{3}$, d'où l'on tire $8 = 12 \times \frac{2}{3}$; par suite, $2 + 8 = 3 \times \frac{2}{3} + 12 \times \frac{2}{3} = (3 + 12) \times \frac{2}{3}$; d'où, enfin, $\frac{2+8}{3+12}$, c'est-à-dire que la somme des numérateurs est à la somme des dénominateurs comme un numérateur est à son dénominateur.

Dans une suite de rapports égaux, les numérateurs s'appellent des nombres proportionnels aux dénominateurs et réciproquement, et le théorème précédent s'applique à une pareille suite.

COROLLAIRE. — Pour partager un nombre en parties proportionnelles à des nombres donnés, il suffit de diviser chacun des nombres proportionnels par leur somme et de multiplier ce nombre donné par chacune des fractions résultantes.

Soit à partager 6348 en parties proportionnelles aux nombres 2, 3 et 7.

Je désigne les parties cherchées par x, y et z, et

je dois avoir, d'une part, $x + y + z = 6348$, et, d'autre part, $\frac{x}{2} = \frac{y}{3} = \frac{z}{7}$.

Or, de ces dernières proportions, je tire

$$\frac{x}{2} = \frac{y}{3} = \frac{z}{7} = \frac{x+y+z}{2+3+7} = 6348;$$

d'où il s'ensuit que

$$x = 6348 \times \tfrac{2}{12} = 1058,$$
$$y = 6348 \times \tfrac{3}{12} = 1587,$$
$$z = 6348 \times \tfrac{7}{12} = 3703.$$

Dans la règle de répartition proportionnelle, la solution ordinaire conduit à de longues opérations ; alors, pour les simplifier, on forme un *tarif* comprenant les quantités qui correspondent aux neuf premiers nombres, en calculant plus ou moins de décimales, selon l'exactitude que l'on veut obtenir.

Soit une commune dont le revenu foncier est de 12895 fr. et dont l'imposition est de $3323^f 23^c$.

On a pour *marc le franc* $\frac{3323^f 23^c}{12895^f} = 0^f{,}257712$, qui sert de base au tarif suivant :

Pour 1 franc on paiera		25^c	,7712.
Pour 2	—	51	,5424.
Pour 3	—	77	,3136.
Pour 4	—	1^f,03	,0848.
Pour 5	—	1 ,28	,8560.
Pour 6	—	1 ,54	,6272.
Pour 7	—	1 ,80	,3984.
Pour 8	—	2 ,06	,1696.
Pour 9	—	2 ,31	,9408.

APPLICATIONS.

Par abréviation, on dit souvent qu'une grandeur est directement ou inversement proportionnelle à une autre. Cela veut dire que deux valeurs de la première sont directement ou inversement proportionnelles à deux valeurs de la seconde. C'est dans ce sens qu'il faut entendre des locutions telles que : l'ouvrage fait dans un même temps est directement proportionnel au nombre des ouvriers; — le temps employé à faire un même ouvrage est inversement proportionnel au nombre des ouvriers.

Ce n'est pas d'ailleurs à l'arithmétique qu'il appartient de prononcer si deux grandeurs sont directement ou inversement proportionnelles; il faut prendre pour guide, en pareil cas, l'expérience ou les conventions sociales. De ce qu'une pierre qui tombe pendant deux secondes parcourt un espace plus grand que celle qui tombe pendant une seconde, il ne faut pas croire que l'espace parcouru soit proportionnel au temps, car l'expérience prouve que, dans cette circonstance-ci, les temps sont comme 1 est à 4; en d'autres termes, ces espaces sont directement proportionnels au carré des temps employés à les parcourir.

En général, pour décider si deux grandeurs sont directement ou inversement proportionnelles, on suppose que la première double, et l'on examine ce que devient la deuxième. Si elle double aussi, les deux grandeurs sont directement proportionnelles, mais si elle devient deux fois moindre, les deux grandeurs sont inversement proportionnelles.

Règle de trois simple.

La *règle de trois simple* a pour but, connaissant deux valeurs de même espèce et l'une des valeurs proportionnelles correspondantes, de trouver l'autre. Elle est directe ou inverse, suivant que les grandeurs considérées sont directement ou inversement proportionnelles.

EXEMPLE Ier. — 28 ouvriers ont fait, pendant un certain temps, 42 mètres d'ouvrage. Combien feraient 84 ouvriers dans le même temps?

Si le nombre des ouvriers double, leur ouvrage double en même temps ; le problème à résoudre est donc une règle de trois simple directe.

Je représente par x le nombre de mètres cherché, puis je dispose les données et l'inconnue de la manière suivante :

$$28^o \qquad 42^m.$$
$$84^o \qquad x^m.$$

Enfin, j'appelle valeurs anciennes les nombres de la première ligne et valeurs nouvelles les nombres de la deuxième.

Cela posé, j'observe que si

28 ouvriers font 42 mètres,

1 ouvrier fera $\frac{42}{28}$ —

84 ouvriers feront $\frac{42 \times 84}{28}$ mètres.

L'inconnue est donc $x = 42^{\mathrm{m}} \times \frac{84}{28} = 126$ mètres.

Règle. — L'inconnue d'une règle de trois simple directe s'obtient en multipliant le nombre correspondant par le rapport de la nouvelle valeur à l'ancienne.

EXEMPLE II. — 28 ouvriers ont mis 42 jours à faire un certain ouvrage. Combien mettraient 84 ouvriers à faire le même ouvrage?

Si le nombre des ouvriers double, le nombre de jours employés à faire un même ouvrage devient deux fois moindre. Le problème à résoudre est donc une règle de trois simple inverse.

Je représente le nombre de jours cherché par x, puis je dispose les données et l'inconnue de la manière suivante :

28°   42 jours.
84° x —

Enfin, j'appelle encore valeurs anciennes les nombres de la première ligne, et valeurs nouvelles les nombres de la deuxième.

Cela posé, j'observe que si

28 ouvriers emploient 42 jours,

1 ouvrier emploiera 42×28 jours,

84 ouvriers emploieront $\dfrac{42 \times 28}{84}$ —

L'inconnue est donc $x = 42^j \times \dfrac{28}{84} = 14$ jours.

Règle. — L'inconnue d'une règle de trois simple inverse s'obtient en multipliant le nombre correspondant par le rapport de l'ancienne valeur à la nouvelle.

Règle de trois composée.

La règle de trois composée est un problème formé d'une suite de règles de trois simples.

EXEMPLE. — 28 ouvriers ont fait 42 mètres d'ouvrage en 75 jours. Combien mettraient 84 ouvriers à faire 112 mètres d'ouvrage?

Je représente le nombre de jours cherché par x, et posant :

28°	42^m	75 jours.
84°	112^m	x —

Je continue à appeler valeurs anciennes les nombres de la première ligne, et valeurs nouvelles ceux de la deuxième. Puis je suppose, pour un instant, que l'ouvrage à faire soit de part et d'autre de 42 mètres, ce qui me conduit à cette règle de trois simple :

28 ouvriers ont fait un certain ouvrage en 75

jours. Combien mettraient 84 ouvriers à faire le même ouvrage?

Comme cette règle de trois simple est inverse, j'ai, pour le nombre de jours cherché, $75 \times \frac{21}{84}$, et la question est ramenée à celle-ci :

Une troupe d'ouvriers, pour faire 42 mètres d'ouvrage, met $75^j \times \frac{21}{84}$. Combien mettra-t-elle à faire 112 mètres?

Cette fois, la règle de trois simple est directe et j'en conclus $x = 75^j \times \frac{21}{84} \times \frac{112}{42}$. D'où la règle suivante :

Règle. — L'inconnue d'une règle de trois composée s'obtient en multipliant le nombre correspondant par le rapport de la nouvelle valeur à l'ancienne, toutes les fois que la proportion est directe, et par le rapport de l'ancienne valeur à la nouvelle, toutes les fois que la proportion est inverse.

D'après cela, pour résoudre les règles de trois les plus compliquées, il suffira de comparer la colonne qui renferme l'inconnue x à chacune des autres colonnes, pour voir si la proportion est directe ou inverse, et cette comparaison permettra de trouver immédiatement la valeur de l'inconnue.

EXEMPLE. — Un fil de 28 mètres de long et de $0^m,005$ de diamètre s'allonge de $0^m,12$ quand il est tendu par un poids de 78 kilogrammes. Quel serait l'allongement d'un fil de 96 mètres de longueur et de $0^m,003$ de diamètre tendu par un poids de 56 kilogrammes?

On dispose ainsi les données et l'inconnue x :

28^m	$0^m,005$	$0,12^c$	78^k
96^m	$0^m,003$	x	56^k

Puis on observe que l'allongement du fil est directement proportionnel à sa longueur, inversement proportionnel au carré de son diamètre et directement proportionnel au poids qui tend ce fil. Il en résulte immédiatement :

$$x = 0{,}12 \times \frac{96}{28} \times \frac{0{,}005^2}{0{,}003^2} \times \frac{56}{78}.$$

Pour calculer une formule de ce genre, on profite de toutes les simplifications qui se présentent. Or, la formule précédente peut évidemment se simplifier en divisant le facteur 56 du numérateur par le facteur 28 du dénominateur; puis en remplaçant $\dfrac{0{,}005^2}{0{,}003^2}$ par $\dfrac{25}{9}$; en divisant le facteur 96 du numérateur par 9, et les facteurs 12 et 78 par 6; et, dès lors, on n'a plus à calculer que $x = 0{,}12 \times \dfrac{2 \times \frac{1}{1} \cdot \frac{1}{3} \times 2}{1 \cdot 3} =$ $0^m,923$.

Intérêts.

On nomme *capital* une somme prêtée, *intérêt* l'argent qu'elle rapporte, et il résulte des conventions sociales que l'intérêt est directement proportionnel au capital et à la durée du placement. On appelle *taux* l'intérêt de 100 francs au bout d'un an. Le taux légal est de 5 francs.

Les règles d'intérêt ne sont que des règles de trois simples ou composées.

Le temps s'exprime tantôt en années, tantôt en mois, tantôt en jours. Dans ce dernier cas, les mois sont tous pris de 30 jours et l'année de 360 jours.

EXEMPLE Iᵉʳ. — Quel est l'intérêt de 5842 fr. pendant 7 mois au taux légal?

Désignant cet intérêt par x, je dispose ainsi les données et l'inconnue :

100ᶠ rapportent 5ᶠ en 12 mois,
5842 rapporteront x^f en 7 mois.

Comme l'intérêt est directement proportionnel au capital et au temps, j'en conclus :

$$x = 5 \times \tfrac{5842}{100} \times \tfrac{7}{12} = 170^f,39.$$

EXEMPLE II. — Pendant combien de jours faut-il placer un capital de 738 fr. pour qu'il rapporte 42 fr. d'intérêt au taux légal?

On a, en désignant le nombre de jours par x :

100ᶠ rapportent 5ᶠ en 360 jours,
738ᶠ rapporteront 42ᶠ en x jours.

Puis on observe que :

1° L'intérêt restant le même, si le capital double, le temps devient deux fois moindre. Le temps est donc inversement proportionnel au capital.

2° Le capital restant le même, si l'intérêt double, le temps double aussi. Le temps est donc directement proportionnel à l'intérêt.

De là il résulte que :

$$x = 360 \times \tfrac{100}{157} \times \tfrac{42}{8} = 403 \text{ jours.}$$

EXEMPLE III. — Un capital de 3802 fr. a rapporté 157 fr. d'intérêt au bout de deux ans; à quel taux était-il placé?

L'inconnue étant l'intérêt de 100 fr. au bout d'un an, je représente cet intérêt par x, et j'ai :

3802ᶠ rapportent 157ᶠ en 2 ans,
100ᶠ rapporteront xᶠ en 1 an.

L'intérêt étant directement proportionnel au capital et au temps, j'en conclus :

$$x = 157 \times \tfrac{100}{3802} \times \tfrac{1}{2} = 2^{\text{f}},06.$$

Il arrive quelquefois qu'on a à chercher ce que devient un capital augmenté de ses intérêts pendant une ou plusieurs années.

La question se réduit à chercher ce que devient 1 fr. dans les mêmes conditions, puis à multiplier le capital par le résultat.

Ainsi 1 fr. rapportant au taux légal $\frac{1}{100} = 0^f,05$ en 1 année, devient au bout d'un an $1^f,05$, et si l'on cherche ce que devient un capital quelconque augmenté de ses intérêts d'un an, on n'a qu'à multiplier le capital par $1^f,05$.

Un capital est placé à *intérêts composés* lorsque ses intérêts se capitalisent, c'est-à-dire s'ajoutent au capital pour porter intérêts à leur tour.

Pour calculer ce que devient un capital placé à intérêts composés pendant un certain nombre d'années, il faut résoudre la question pour 1 fr.

Or, au taux légal, 1 fr. augmenté de ses intérêts pendant 1 an devient $1^f,05$. Ce nouveau capital augmenté de ses intérêts pendant l'année suivante devient $1^f,05 \times 1^f,05 = 1^f,05^2$. Ce nouveau capital au bout de la troisième année devient $1^f,05^2 \times 1^f,05 = 1^f,05^3$. On voit donc, sans aller plus loin, que 1 fr. placé à intérêts composés pendant 10 ans, par exemple, deviendra $1^f,05^{10}$, c'est-à-dire $1^f,05$ multiplié 10 fois par lui-même.

Escompte.

Lorsqu'on veut échanger contre de l'argent comptant un billet payable au bout d'un certain temps, on s'adresse à un banquier, qui donne le montant du billet, diminué de l'intérêt de ce montant jusqu'à l'échéance.

La retenue s'appelle *escompte commercial* ou *en dehors;* en sorte que l'escompte en dehors est l'intérêt du montant du billet jusqu'à l'échéance. Le calcul de cet escompte se réduit donc à une simple règle d'intérêt.

Exemple. — Quel est l'escompte en dehors d'un billet de 1800 fr. payable à 7 mois?

Représentant l'escompte par x, j'ai au taux légal :

$$100^f \text{ donnent } 5^f \text{ en 12 mois,}$$
$$1800^f \text{ donneront } x^f \text{ en 7 mois.}$$

et comme l'escompte est, par définition, directement proportionnel au capital et au temps, j'en conclus :

$$x = 5 \times \tfrac{1800}{100} \times \tfrac{7}{12} = 52^f,50.$$

On peut objecter à ce calcul que le banquier, ne tirant pas 1800 fr. de sa caisse, n'a pas le droit de retenir l'intérêt de 1800 fr. pendant 7 mois. Pour faire ici un calcul exact, il faut observer que le billet n'a qu'une valeur actuelle moindre que son montant et ne retenir que l'intérêt de cette valeur réelle. Cet intérêt s'appelle *escompte en dedans.*

Exemple. — Quel est l'escompte en dedans d'un billet de 1800 fr. payable à 7 mois?

Si l'on observe qu'un billet de 105 fr. payable à 12 mois ne vaut actuellement que 100 fr., on en conclut que ce billet donne lieu à un escompte en dedans de 5 fr. On a donc :

$$105^f \text{ donnent } 5^f \text{ en } 12 \text{ mois,}$$
$$1800^f \text{ donneront } x^f \text{ en } 7 \text{ mois.}$$

Mais l'escompte en dedans est évidemment proportionnel au capital et au temps, comme l'escompte en dehors, donc :

$$x = 5 \times \tfrac{1800}{105} \times \tfrac{7}{12} = 50^f.$$

Dans le cas actuel, la différence entre l'escompte en dehors et l'escompte en dedans est, comme on voit, de 2 fr. 50.

A la règle d'escompte se rattache celle *d'échéance commune*.

Lorsqu'on a deux billets payables au bout d'un certain temps, on peut se proposer de trouver l'échéance d'un billet dont le montant serait la somme des leurs et qui pourrait les remplacer. L'échéance de ce billet unique s'appelle *échéance commune*.

EXEMPLE. — Quelle est l'échéance commune de deux billets, l'un de 500 fr., payable à 4 mois, l'autre de 700 fr., payable à 9 mois ?

Il faut trouver l'échéance x d'un billet de 1200 fr., qui fournisse le même escompte que les deux autres. Or, 1200 fr. payables en x mois donnent le même escompte que 1200 x payables en un mois; et l'on verrait de même que les deux autres billets donnent le même escompte que les billets 500×4 et 700×9 payables dans un mois. On doit avoir :

$$1200\ x = 500 \times 4 + 700 \times 9,$$
$$\text{d'où } x = \frac{500 \times 4 + 700 \times 9}{1200} = 7.$$

Ainsi, pour obtenir l'échéance commune de deux ou plusieurs billets, on multiplie le montant de chacun par son échéance et l'on divise la somme des produits ainsi obtenus par la somme des montants.

Règle de société.

La règle de société a pour objet de partager un bénéfice ou une perte entre des associés, proportionnellement à leurs mises.

EXEMPLE. — Deux associés ont mis dans une entreprise, l'un 7000 fr. et l'autre 5000 fr., ils ont réalisé un bénéfice de 1200 fr.; quelle est la part de chacun?

Désignant les parts cherchées par x et y, on a :

$$\frac{x}{7000} = \frac{y}{5000} = \frac{1200}{12000},$$
$$\text{d'où } x = 1200 \times \frac{7000}{12000} = 700,$$
$$y = 1200 \times \frac{5000}{12000} = 500.$$

Il peut se faire cependant que les deux mises ne restent pas dans l'entreprise pendant le même temps.

EXEMPLE. — Deux associés ont mis dans une entreprise, l'un 7000 fr. pendant 8 mois, l'autre 5000 fr. pendant 15 mois, et ils ont réalisé un bénéfice de 1200 fr.; quelle est la part de chacun?

J'observe que :

7000 fr. placés pendant 8 mois,
et 5000 placés pendant 15 mois,

rapportent à l'entreprise autant que 7000×8 et 5000×15 placés pendant un mois.

La question est donc ramenée à partager 1200 en parties proportionnelles aux nombres 7000×8 et 5000×15, ce qui donne :

$$x = 1200 \times \frac{7000 \times 8}{7000 \times 8 + 5000 \times 15} = 513,$$
$$y = 1200 \times \frac{5000 \times 15}{7000 \times 8 + 5000 \times 15} = 687.$$

QUATRIÈME PARTIE

NOTIONS SUR L'ASSIETTE ET LE RECOUVREMENT DES IMPOTS DIRECTS

DES CONTRIBUTIONS DIRECTES

Qu'entend-on par contribution ou par impôt ?

On entend par contribution ou impôt, en général, la part que chacun doit payer pour l'acquittement des charges publiques. C'est la mise en commun d'un fonds qui, dans la plupart des cas, devient productif à l'avantage de tous et dont la formation a coûté à chacun peu de chose et ne lui a pris souvent que ce qu'il aurait dépensé avec moins d'utilité pour lui-même.

Dans quel but l'État perçoit-il des impôts?

L'État perçoit des impôts pour satisfaire les besoins en vue desquels les hommes se réunissent en société. « Aucun État, disait Vauban, ne peut se soutenir si ses sujets ne le soutiennent. » Or, l'État doit entretenir une armée pour protéger le pays contre les envahisseurs, une flotte et des agents dans toutes les parties du monde pour garantir les intérêts des Français voyageant, trafiquant ou résidant à l'étranger; il doit payer un corps de magistrats pour rendre la justice aux citoyens, et des hommes chargés de les instruire et de veiller à leurs intérêts moraux; il faut aussi qu'il construise des routes, des ponts, des canaux, des ports, des phares, des arsenaux, des églises, des écoles, enfin qu'il exécute tous les travaux d'utilité publique. Outre ces dépenses, qui se renouvellent constamment, il en est d'autres qui ont pour objet de payer l'intérêt des dettes contractées dans de fâcheuses circonstances où le revenu de la nation s'est trouvé insuffisant. Avec quoi le gouvernement pourrait-il faire face à toutes ces dépenses si les citoyens ne lui en fournissaient les moyens?

Comment se divisent les contributions? — Qu'entend-on par contributions directes et par contributions indirectes?

Les contributions qui se perçoivent en France se divisent en deux grandes classes : les *contributions directes* et les *contributions indirectes*. La contribution directe s'entend de toute imposition qui est assise *directement* sur les personnes et les propriétés, qui se perçoit en vertu de rôles nominatifs de cotisation et qui passe immédiatement du contribuable cotisé à l'agent chargé de percevoir. Les impôts indirects sont ainsi nommés parce que, au lieu d'être établis directement et nominativement sur les personnes, ils reposent en général sur des objets de consommation ou sur des services rendus et ne sont dès lors qu'*indirectement* payés par celui qui veut consommer les choses ou user des services frappés de l'impôt. Tels sont : 1° les impôts assis sur les importations et les exportations, sur la fabrication, la vente, le transport et l'entrée des objets de consommation; 2° la partie du prix de vente des tabacs et des poudres qui excède la valeur réelle de ces objets; 3° les droits d'enregistrement, d'hypothèque, de greffe, de timbre, les droits de poste, etc.

Quel est le principe qui domine tout le système des impôts en France?

Le principe qui domine tout le système des impôts en France, c'est qu'aucune contribution directe ou indirecte ne peut être perçue si la perception n'en a été *formellement* et *annuellement* autorisée par le pouvoir législatif. Aussi chaque année la loi du budget contient-elle l'énumération complète et détaillée de tous les impôts autorisés. Il faut également une loi pour établir un impôt nouveau ou modifier les impôts existants.

Combien existe-t-il en France de contributions directes?

Les contributions directes, qui sont une des branches principales des revenus de la France, puisqu'elles entrent dans le budget des finances pour plus de 500 millions sur un produit total de 2 milliards et demi, sont au nombre de quatre, savoir :

La contribution foncière, qui est établie sur le revenu net des propriétés immobilières, bâties ou non bâties;

La contribution personnelle et mobilière, qui atteint quiconque a des moyens suffisants d'existence et les loyers d'habitation;

La contribution des portes et fenêtres, qui a pour base les portes et fenêtres des bâtiments et usines;

La contribution des patentes, à laquelle est assujetti tout individu français ou étranger qui exerce, en France, un commerce, une industrie ou une profession non expressément compris dans les exceptions déterminées par la loi.

Ces contributions se décomposent en sommes ou cotes individuelles déterminées et inscrites sur une liste ou cahier appelé *rôle,* sous les noms des contribuables à chacun desquels on demande directement ce qu'il doit payer.

N'y a-t-il pas aussi des ta es qui se perçoivent comme les contributions directes?

Il existe, en outre, un assez grand nombre de taxes qui se perçoivent, au moyen de rôles nominatifs, au profit de l'État, des départements, des communes, des établissements publics et des communautés d'habitants, dûment autorisés. Ces taxes n'ont reçu, jusqu'à présent, du législateur aucun nom générique et sont désignées, dans le langage de l'Administration, sous celui de *taxes assimilées aux contributions directes*. Les principales taxes assimilées sont : la taxe des biens de mainmorte ; les prestations pour les chemins vicinaux ; la taxe sur les chiens ; la taxe sur les chevaux et les voitures ; celles sur les billards, les cercles, sociétés et lieux de réunion ; les droits pour la vérification des poids et mesures ; la contribution pour l'entretien des bourses et des chambres de commerce, etc.

Quelles sont les bases essentielles du système des contributions directes ?

Les contributions directes, dans leur état actuel, reposent sur deux bases essentielles : la *proportionnalité* et l'*affectation au revenu*.

La proportionnalité signifie que la proportion d'impôt supportée par chacun est en rapport constant avec ses facultés imposables ; que ce rapport ne s'élève pas à mesure que grandit la fortune du redevable, ce qui constituerait l'impôt *progressif*.

L'affectation au revenu signifie que c'est le revenu et non le capital qui forme la *matière imposable*. C'est ainsi que l'impôt foncier frappe directement le revenu de la propriété foncière et que tous les autres

impôts directs frappent le revenu, quelle que soit
son origine ; mais au lieu d'une évaluation qui,
pour tout autre revenu que celui de la propriété
foncière, serait toujours difficile et souvent impossible, ils ont pour base certains faits auxquels la loi
attache la présomption d'un revenu plus considé-
rable. Ces faits sont le nombre, la dimension et la
position des ouvertures, dans l'impôt des portes et
fenêtres ; la valeur locative de l'habitation, dans
la taxe mobilière ; la nature de la profession et la
valeur locative, dans l'impôt des patentes. La taxe
personnelle elle-même, qui est une sorte de capi-
tation, frappe, il est vrai, uniformément tous ceux
qu'elle atteint ; mais elle n'atteint que ceux qui ont
des moyens personnels d'existence, c'est-à-dire des
revenus quelconques. En résumé, il n'existe pas en
France d'impôt général sur le revenu ; mais tous les
impôts directs atteignent le revenu ou constaté ou
présumé.

*Quels sont les administrations et agents appelés à
s'occuper des contributions directes?*

L'assiette des contributions directes est confiée à
une administration spéciale qui se compose :

1° D'une direction générale à Paris ;

2° De 86 directions particulières placées dans les
départements et agissant sous les ordres de la direction générale.

Chaque direction de département comprend un directeur, un inspecteur et plusieurs contrôleurs. Les contrôleurs recueillent les éléments des cotisations dans les communes; l'inspecteur surveille les contrôleurs; le directeur transmet à l'inspecteur et aux contrôleurs les ordres de la direction générale, dirige le service, réunit les travaux et, en définitive, confectionne les rôles.

La perception des sommes imposées dans les rôles ou, en d'autres termes, le *recouvrement* de l'impôt est confié à une administration particulière qui a pour chef, à Paris, le directeur général de la comptabilité publique, et dans chaque département :

1° Un trésorier général résidant au chef-lieu ;

2° Des receveurs particuliers appelés receveurs des finances, résidant aux chefs-lieux d'arrondissement ;

3° Des percepteurs qui perçoivent directement sur les contribuables, chacun dans un certain nombre de communes, les sommes imposées dans les rôles.

Nous verrons plus loin que l'administration des contributions directes a besoin, pour une grande partie de ses opérations, du concours des autorités communales et départementales.

Comment se divisent les contributions directes? Qu'entend-on par contributions de répartition et par contributions de quotité?

Les contributions directes se divisent en contributions de *répartition* et en contributions de *quotité*. L'impôt de répartition est celui dont la somme totale, fixée d'avance, se répartit de degrés en degrés, entre les départements, les arrondissements, les communes et les contribuables. L'impôt de quotité est celui dont les taxes résultent de l'application à des éléments variables, de tarifs ou de quotités déterminés. Dans le premier mode, les cotes des contribuables résultent du montant de l'imposition; dans le second, le montant de l'imposition résulte des cotes des contribuables.

Quel est le mécanisme de la répartition?

La contribution foncière, la contribution personnelle-mobilière et celle des portes et fenêtres sont des impôts de répartition. Le pouvoir législatif fixe chaque année, par une loi qu'on appelle la *loi de finances*, le montant du produit qu'il veut obtenir de chacune de ces contributions et, en même temps, il assigne à chaque département la part qu'il doit prendre dans la somme totale. Le *conseil général* de chaque département fait la répartition du contingent départemental entre les arrondissements. Les *conseils d'arrondissement* font la répartition entre les communes. Les *répartiteurs,* choisis parmi les propriétaires de la commune, établissent, de concert avec le *contrôleur* des contributions directes, les éléments qui doivent servir de base à la cotisation de chaque contribuable. La répartition du contingent communal est faite ensuite entre les contribuables, par le directeur des contributions, proportionnellement aux bases de cotisation, de sorte que la réunion des sommes imposées reproduit exactement le contingent de la commune; d'où il suit également que la réunion des sommes imposées sur les contribuables d'un arrondissement reproduit le contingent de l'arrondissement; celle des sommes imposées sur les contribuables d'un département, le contingent du département; enfin celle des sommes imposées sur tous les contribuables de la France, le montant de l'impôt fixé par la loi de finances.

Comment s'établit l'impôt de quotité ?

La contribution des patentes est un impôt de quotité. Les départements, les arrondissements et les communes n'ont point de contingents fixés d'avance. On applique à chaque citoyen exerçant un commerce ou une industrie, la taxe déterminée par la loi; la somme des taxes donne le montant de l'impôt qui, par conséquent, n'est connu qu'après la confection des rôles et varie tous les ans selon la prospérité du commerce et de l'industrie, et l'exactitude plus ou moins rigoureuse dans le recensement des imposables.

Des développements qui précèdent, il résulte que

la somme totale de chacune des contributions de répartition peut être fixée d'avance avec certitude ; elle l'est, en effet, au budget des recettes de chaque année ; tandis que la somme totale de chacune des contributions de quotité n'est et ne peut être portée au budget que pour un chiffre approximatif.

Presque toutes les taxes assimilées sont des impôts de quotité.

DE L'ASSIETTE DES CONTRIBUTIONS DIRECTES

IMPÔT FONCIER.

En quoi consiste l'impôt foncier, et quelle est la loi qui l'a établi ?

La contribution foncière est un impôt direct qui frappe le revenu net des propriétés immobilières, bâties ou non bâties. C'est la loi du 23 novembre 1790 qui l'a établie, et celle du 3 frimaire an VII qui en a définitivement fixé l'assiette et le recouvrement.

Comment s'évalue le revenu net qui lui sert de base ?

Le revenu net, base de l'impôt foncier, et qui, pour ce motif, est appelé revenu imposable, doit être diversement évalué suivant les diverses natures de propriété. Pour les terres labourables, les prairies, les vignes, c'est le produit moyen de quinze années, déduction faite des frais de culture, semence, récolte et entretien. Pour les bois en coupes réglées, c'est le prix moyen de leurs coupes annuelles, déduction faite des frais d'entretien, de garde et de repeuplement. Pour les maisons d'habitation, c'est la valeur locative calculée sur dix années, sous la déduction d'un quart de cette valeur, en considération du dépérissement et des frais d'entretien et de réparations. Pour les fabriques, manufactures, forges, moulins et autres usines, c'est également la valeur locative calculée sur dix années, mais sous la déduction d'un tiers au lieu d'un quart, à raison de leur dépérissement plus prompt et des frais plus considérables d'entretien et de réparations.

Quels sont les biens qui en sont affranchis?

En général, tous les biens immeubles sont soumis à l'impôt foncier, sauf ceux qui ne sont pas productifs de revenus. Par application de cette règle, il ne frappe aucune des dépendances du domaine public, national, départemental ou communal; tandis que, au contraire, il grève les biens productifs de l'État, des départements, des communes et des établissements publics comme ceux des simples particuliers. Les bâtiments servant aux exploitations rurales, tels que granges, écuries, greniers, caves, celliers, pressoirs et autres destinés à loger les bestiaux des fermes et métairies ou à serrer les récoltes, sont affranchis de l'impôt dans l'intérêt de l'agriculture. Il existe, en outre, certaines exemptions temporaires destinées à favoriser la mise en culture des terrains en friche, le reboisement des montagnes et les travaux de construction.

CADASTRE.

Qu'entend-on par cadastre ?

On entend par *cadastre* un ensemble d'opérations dont le but est de fournir la base de la répartition individuelle de l'impôt foncier entre les contribuables d'une même commune. Dans son état actuel, le cadastre est appelé *parcellaire,* parce qu'il est dressé par parcelles de propriété. On appelle *parcelle* toute propriété distincte par sa nature ou son propriétaire.

Quel est le double résultat du cadastre, et quelle est la double série d'opérations dont il se compose ?

Le cadastre a un double résultat : la constatation de la contenance de chaque parcelle de propriété et la fixation de son revenu imposable. Ce double résultat est atteint par une double série d'opérations : les opérations d'art pour la contenance, et les opérations administratives pour le revenu.

Quelles sont les opérations d'art ?

Les opérations d'art, confiées, dans chaque département, à un géomètre en chef qui a divers auxiliaires sous ses ordres, embrassent la délimitation de la commune, sa division en sections, la triangulation, l'arpentage et le levé du plan.

Quelles sont les opérations administratives?

Les opérations administratives, comprises sous la dénomination générale d'expertise, embrassent la classification des fonds, l'évaluation du revenu des classes et la distribution des parcelles dans les classes.

Qu'entend-on par classification, et comment se fait-elle?

La *classification* est confiée à des *commissaires classificateurs*. Ces commissaires doivent être au nombre de cinq, dont trois habitant la commune et deux forains. Ils sont nommés par le conseil municipal délibérant avec adjonction des plus imposés à la contribution foncière, en nombre égal à celui des membres du conseil. La même assemblée nomme cinq classificateurs suppléants, avec la même proportion des habitants et des forains. Les classificateurs sont assistés par le contrôleur des contributions directes. Ils fixent le nombre des classes pour chaque genre de culture, et choisissent pour chaque classe deux parcelles destinées à servir de types, l'un supérieur, l'autre inférieur. Le nombre des classes ne peut jamais excéder celui de cinq pour chaque genre de culture. Les maisons peuvent, dans les communes rurales, être divisées en dix classes au plus. Dans les communes urbaines, chaque maison est évaluée séparément. Dans toutes les communes indistinctement, chaque usine, fabrique et manufacture doit aussi recevoir une évaluation particulière.

Qu'entend-on par évaluation, et comment se fait-elle?

L'*évaluation* du revenu des classes est confiée aux classificateurs eux-mêmes. Elle est faite pour chaque classe, en prenant le terme moyen, par hectare, du produit net des parcelles choisies pour types. Ce produit ou revenu net est calculé conformément aux règles précédemment exposées.

Qu'entend-on par classement et comment se fait-il?

Le *classement,* qu'il ne faut pas confondre avec la classification, est l'expression sous laquelle on désigne la distribution des parcelles entre les classes établies au moyen de la classification. Le classement est fait par trois classificateurs au moins, ou trois suppléants.

Comment se fait l'application du tarif des évaluations à chaque parcelle en particulier? — Qu'entend-on par états de sections et par matrice cadastrale?

Il ne nous reste plus qu'à indiquer comment et par qui se fait l'application de l'évaluation du revenu moyen de chaque classe aux parcelles comprises dans cette classe. Le tarif provisoirement arrêté par les classificateurs est d'abord soumis à l'examen du conseil municipal, avec adjonction des plus imposés; il demeure ensuite déposé au secrétariat de la mairie durant quinze jours, pour laisser aux intéressés le temps de présenter des observations, et, après l'accomplissement de toutes ces formalités, il est approuvé par la commission départementale (autrefois par le préfet en conseil de préfecture). Le tarif d'évaluations, ainsi approuvé, est envoyé au directeur des contributions directes. C'est ce fonctionnaire qui est chargé d'en faire l'application au classement, c'est-à-dire de déterminer le revenu de chaque parcelle, d'après ce tarif. Il rédige *les états de sections,* c'est-à-dire des états indicatifs de toutes les parcelles comprises dans chacune des sections entre lesquelles le territoire de la commune a été divisé pour les opérations d'art. Ces états contiennent, pour chaque parcelle, le nom du propriétaire, le numéro du plan, le canton ou lieu-dit, la nature de la propriété, la contenance, la désignation de la classe, le revenu imposable. Les états de sections servent de base au directeur pour la confection de la *matrice cadastrale.* La matrice cadastrale est divisée par ordre alphabétique des propriétaires et réunit, sous le nom de chacun d'eux, les parcelles qu'il possède dans les diverses sections.

Les plans-minutes, les états de sections et les matrices cadastrales sont déposés dans les bureaux du directeur des contributions directes, et des copies de ces documents sont envoyées dans toutes les communes du département.

CONTRIBUTION PERSONNELLE ET MOBILIÈRE.

La contribution personnelle et mobilière se compose, comme l'indique son nom, de deux taxes distinctes, la taxe personnelle et la contribution mobilière.

En quoi consiste la taxe personnelle?

La taxe personnelle frappe quiconque a des moyens suffisants d'existence. Elle est uniformément de la valeur de trois journées de travail pour tous ceux qui en sont passibles; mais cette valeur n'est pas la même pour toutes les communes. Aux termes de la loi du 21 avril 1832, le conseil général de chaque département détermine, sur la proposition du préfet, le prix moyen de la journée de travail dans chaque commune, sans pouvoir néanmoins le fixer au-dessous de 50 centimes, ni au-dessus de 1 fr. 50 c., ce qui fait que la taxe peut varier entre 1 fr. 50 c. et 4 fr. 50 c.

Par qui et où est due la taxe personnelle?

La taxe personnelle est due par chaque habitant français et par chaque étranger de tout sexe, majeur ou mineur, jouissant de ses droits et non réputé indigent, c'est-à-dire ayant des moyens suffisants d'existence, soit par sa fortune personnelle, soit par la profession qu'il exerce.

La taxe personnelle est due dans la commune du domicile réel, c'est-à-dire dans la commune où le contribuable a son principal établissement, et elle n'est due qu'une fois, quel que soit le nombre des maisons d'habitation.

En quoi consiste la contribution mobilière? Par qui et où est-elle due ?

La contribution mobilière frappe les loyers d'habitation. Elle est due pour toute habitation meublée, située soit dans la commune du domicile réel, soit dans toute autre commune. Le même contribuable est donc passible d'autant de cotes mobilières qu'il a d'habitations distinctes, et il doit chacune de ses cotes dans la commune de la situation de chaque habitation.

On ne comprend dans les loyers que la partie des bâtiments servant à l'habitation.

CONTRIBUTION DES PORTES ET FENÊTRES.

En quoi consiste la contribution des portes et fenêtres?

La contribution des portes et fenêtres, ainsi que l'indique son nom, frappe les portes et fenêtres des bâtiments. Elle est supposée atteindre le revenu dans la plus ou moins grande commodité de l'habitation, et elle doit être considérée comme supplément à la contribution mobilière. La pensée du législateur a été, en effet, de la faire supporter par les locataires, car, bien qu'elle soit exigible contre les propriétaires, usufruitiers et locataires principaux, ceux-ci, à moins de conventions contraires, ont un recours contre les locataires particuliers pour le remboursement de la somme due à raison des locaux par eux occupés.

Comment est-elle établie ?

D'après l'article 2 de la loi du 4 frimaire an VII, la contribution des portes et fenêtres est établie sur les portes et fenêtres donnant sur les rues, cours et jardins des bâtiments et usines. La loi n'ayant entendu assujettir à la contribution que les *portes* et *fenêtres* des ouvertures, il en résulte que les ouvertures *closes* sont seules imposables et que toute ouverture destinée à rester constamment sans clôture ne doit pas être imposée. Il faut remarquer, en outre, que les expressions *rues, cours* et *jardins* ne sont pas limitatives et que l'on doit imposer les portes et fenêtres qui donnent sur les champs et les prés, de même que celles qui donnent sur les rues, cours et jardins. En résumé, d'une manière générale, on doit imposer toutes les portes et fenêtres qui ne sont pas pratiquées dans l'intérieur des bâtiments, quelles que soient leur forme et leur dimension, du moment qu'elles sont clôturées et qu'elles donnent *air, jour* ou *accès* à des bâtiments destinés à l'habitation ou à l'occupation des hommes.

Quelles sont les ouvertures qui en sont affranchies?

La loi a formellement exempté certaines ouvertures, ce sont : 1° les portes et fenêtres servant à éclairer ou à aérer les granges, bergeries, étables, greniers, caves et autres locaux non destinés à l'habitation des hommes ; 2° les portes ou fenêtres des bâtiments employés à un service public civil, militaire ou d'instruction, ou aux hospices ; 3° les ouvertures des manufactures, c'est-à-dire des grands établissements industriels où les produits se fabriquent à la main et qui renferment une grande agglomération d'ouvriers.

CONTRIBUTION DES PATENTES.

En quoi consiste la contribution des patentes?

La contribution des patentes frappe tout individu, français ou étranger, qui exerce en France un commerce, une industrie ou une profession non expressément compris dans les exceptions déterminées par la loi. Elle est établie d'après la *nature* des professions exercées et non pas selon le plus ou le moins d'*importance des bénéfices* réalisés par les patentables.

Quelles sont les règles suivant lesquelles elle est fixée ?

La contribution des patentes se compose en général d'un droit professionnel réglé, pour chaque profession, par les tableaux annexés aux lois de patentes, et d'un droit proportionnel à la valeur locative des locaux occupés par les patentables.

Les professions sont rangées dans quatre tableaux différents. Le tableau A comprend les professions dont le droit professionnel est réglé eu égard à la population et d'après un tarif général (commerce en gros, en demi-gros et en détail). Le tableau B est relatif aux professions dont le droit professionnel est réglé eu égard à la population et d'après un tarif spécial à chacune d'elles (haut commerce). Le tableau C renferme les professions taxées sans égard à la population et d'après un tarif spécial à chacune d'elles (industrie). Le tableau D mentionne les exceptions à la règle générale qui fixe le droit proportionnel au 20ᵉ de la valeur locative. Dans ce tableau sont classées notamment les professions dites libérales.

Dans les communes dont la population totale est de 5,000 âmes et au-dessus, les patentables exerçant dans la banlieue des professions imposées eu égard à la population, paient le droit professionnel d'après le tarif applicable à la population non agglomérée

Où est dû le droit professionnel? Un patentable peut-il être assujetti à plusieurs droits professionnels?

Les droits professionnels sont dus dans les communes où sont situés les établissements, les boutiques ou magasins qui y donnent lieu, et un même patentable doit être assujetti à autant de droits professionnels qu'il exerce de professions différentes dans des établissements distincts et séparés.

Comment est établi le droit proportionnel, et où est il dû?

Le droit proportionnel est, en général, du 20ᵉ de la valeur locative; mais il varie du 10ᵉ au 80ᵉ pour certaines professions. Il est établi sur la valeur locative, tant de la maison d'habitation que des magasins, boutiques, usines, ateliers, hangars, remises, chantiers et autres locaux servant à l'exercice des professions imposables. Il est payé dans toutes les communes où sont situés les locaux qui viennent d'être énumérés.

Quels sont ceux qui sont affranchis de la contribution des patentes?

Ne sont pas assujettis à la patente :

1º Les fonctionnaires et employés salariés soit par l'État, soit par les administrations départementales ou communales, en ce qui concerne seulement l'exercice de leurs fonctions; les sages-femmes; les artistes peintres, sculpteurs, graveurs et dessinateurs ne vendant que le produit de leur art; les professeurs et instituteurs primaires; les éditeurs de feuilles périodiques, les artistes dramatiques.

2° Les laboureurs et cultivateurs pour la vente de leurs récoltes et de leur bétail.

3° Les concessionnaires de mines pour le seul fait de l'extraction et de la vente des matières par eux extraites; les propriétaires ou fermiers de marais salants; les pêcheurs; les caisses d'épargne et de prévoyance; les associés en commandite; les assurances mutuelles régulièrement autorisées; les capitaines de navire de commerce ne naviguant pas pour leur compte; les cantiniers attachés à l'armée; les écrivains publics.

4° Les commis et toutes les personnes travaillant à gages, à façon et à la journée, dans les maisons, ateliers et boutiques des personnes de leur profession, ainsi que les ouvriers travaillant sans compagnon ni apprenti, chez eux ou chez les particuliers, avec ou sans enseigne ou boutique, à façon ou pour leur propre compte. L'exemption ne cesse pas d'être applicable lorsque l'ouvrier, travaillant en chambre, n'a qu'un apprenti âgé de moins de seize ans. Ne sont point considérés comme compagnons ou apprentis la femme travaillant avec son mari ni les enfants non mariés travaillant avec leurs père et mère, ni le simple manœuvre dont le concours est indispensable à l'exercice de la profession.

5° Les personnes qui vendent en ambulance dans les rues, dans les lieux de passage et dans les marchés, des fleurs, de l'amadou, des balais, des figures en plâtre, des fruits, du beurre, des légumes, des fromages et autres menus comestibles; les savetiers, les chiffonniers au crochet, les porteurs d'eau à la bretelle ou avec voiture à bras, les rémouleurs ambulants et les gardes-malades.

6° Les fabricants à métiers à façon ayant moins de dix métiers.

TAXES ASSIMILÉES.

Nous ne nous occuperons que des principales.

1° Taxe sur les chiens.

Qu'est-ce que la taxe sur les chiens?

La taxe sur les chiens est établie au profit des communes. Elle varie entre 1 franc et 10 francs. Les chiens sont divisés en deux catégories: les chiens d'agrément ou servant à la chasse, qui paient la taxe la plus élevée, et les chiens de garde, qui supportent la taxe la moins forte. Cette dernière catégorie comprend les chiens qui servent à guider les aveugles, à garder les troupeaux, les habitations, magasins, ateliers, etc., et en général tous ceux qui ne sont pas compris dans la catégorie précédente.

Les possesseurs de chiens sont tenus, à peine d'aggravation de taxe, de faire à la mairie la déclaration du nombre de leurs chiens et de l'usage auquel ils sont destinés. Lorsqu'une première déclaration a été faite, ils ne sont pas astreints à la renouveler annuellement; ils doivent seulement la modifier s'ils ont apporté des changements dans le nombre ou dans la destination de leurs chiens.

Les matrices de la taxe sur les chiens sont rédigées par les répartiteurs, assistés du percepteur.

2° *Taxe des prestations.*

Qu'est-ce que la taxe des prestations en nature?

La taxe des prestations en nature a pour but de subvenir à l'entretien des chemins vicinaux. Tout habitant chef de famille ou d'établissement, à titre de propriétaire, de régisseur, de fermier ou de colon partiaire, *porté au rôle des contributions directes,* peut être appelé à fournir chaque année une prestation de un, deux, trois ou quatre jours : 1° pour sa personne et pour chaque individu mâle, valide, âgé de dix-huit ans au moins et de soixante au plus, membre ou serviteur de la famille et résidant dans la commune; 2° pour chacune des charrettes ou voitures attelées, et, en outre, pour chacune des bêtes de somme, de trait ou de selle, au service de la famille ou de l'établissement dans la commune.

Les prestataires ont la faculté d'acquitter leur prestation en nature ou en argent.

3° *Taxe de mainmorte.*

Qu'est-ce que la taxe de mainmorte ?

La taxe de mainmorte établie sous le nom de taxe annuelle représentative des droits de transmission entre vifs et par décès, porte sur les biens immeubles passibles de la contribution foncière, appartenant aux départements, communes, hospices, séminaires, fabriques, congrégations religieuses, consistoires, établissements de charité, bureaux de bienfaisance, sociétés anonymes et tous établissements publics légalement autorisés.

4° *Taxe sur les voitures et les chevaux.*

Qu'est-ce que la taxe sur les voitures et les chevaux?

Pour qu'une voiture soit imposable, il faut et il suffit qu'elle remplisse les deux conditions suivantes : 1° être suspendue; 2° être destinée au transport des personnes. En conséquence, toute voiture qui réunit ces deux conditions est imposable, et toute voiture à laquelle il manque une de ces conditions n'est pas imposable.

Les voitures imposables *exclusivement* employées au service de l'agriculture ou d'une profession donnant lieu à l'imposition de droits de patente, ne sont passibles que de la demi-taxe, sauf toutefois en ce qui concerne les patentables ci-après désignés, qui demeurent soumis à la règle générale: avocats, avoués, chirurgiens-dentistes, commissaires-priseurs, docteurs-médecins, greffiers, huissiers, ingénieurs civils, mandataires agréés par les tribunaux de commerce, notaires, officiers de santé, référendaires au sceau, vétérinaires, chefs d'institution et maîtres de pension.

Sont imposables : 1° les chevaux de selle ; 2° les chevaux servant à atteler les voitures imposables. Les chevaux imposables admis au bénéfice de la demi-taxe sont : 1° les chevaux servant *exclusivement* à atteler les voitures admises au bénéfice de la demi-taxe ; 2° les chevaux de selle *exclusivement* employés au service de l'agriculture ou d'une profession quelconque donnant lieu à l'imposition de droits de patente, pourvu que ce ne soit pas une des professions énumérées plus haut.

Sont exempts de toutes taxes : 1° les voitures et les chevaux affectés *exclusivement* au service des voitures publiques qui sont soumises aux droits perçus par l'administration des contributions indirectes ; 2° les chevaux et voitures possédés par les marchands de chevaux, carrossiers, marchands de voitures, et *exclusivement* destinés à la vente ou à la location ; 3° les chevaux et les voitures possédés *obligatoirement* en conformité des règlements du service militaire ou administratif ; 4° les juments et étalons *exclusivement* consacrés à la reproduction.

Les propriétaires de chevaux et de voitures sont astreints à des déclarations comme pour la taxe sur les chiens, à peine d'aggravation de taxe.

Des centimes additionnels.

Qu'entend-on par principal des contributions directes et par centimes additionnels ?

Le montant de chacune des quatre contributions directes se compose de deux parties : le principal et les centimes additionnels.

Le *principal* des contributions directes est la somme originairement fixée pour chacune d'elles. Cette somme originaire n'est modifiée annuellement qu'en raison des accroissements ou des pertes de matière imposable.

Les *centimes additionnels* sont les sommes successivement ajoutées au principal. Ils sont ainsi nommés parce qu'ils ont toujours été imposés par corrélation au principal, à raison de tant de centimes par franc.

Le principal et les centimes additionnels diffèrent encore entre eux sous le rapport de la destination des fonds qui en résultent. Le principal est imposé pour les besoins permanents de l'État, tandis que les centimes additionnels ne le sont qu'en vue de nécessités accidentelles et temporaires, ou dans l'intérêt des services purement locaux.

Comment se divisent les centimes additionnels ?

Les centimes additionnels prennent le nom de *généraux*, *départementaux* ou *communaux*, selon qu'ils sont destinés à accroître les ressources de l'État, du département ou de la commune.

Il y a encore une catégorie de centimes additionnels qui appartiennent un peu à chacune de ces trois classes ; ils sont affectés à des secours pour la grêle, l'incendie, l'inondation et autres cas fortuits, à des remises ou modérations de contributions pour les mêmes cas, au dégrèvement des cotes de contributions dont il a été impossible au percepteur de faire le recouvrement, et aux décharges et réductions concernant exclusivement la contribution des patentes. Ces centimes ont reçu le nom de centimes additionnels pour *fonds de secours et de non-valeurs.*

Par qui sont votés les centimes additionnels ?

Les centimes généraux sont votés par le pouvoir législatif ; les centimes départementaux, par le conseil général ; les centimes communaux, par les conseils municipaux.

Matrices. — Mutations. — Rôles et avertissements.

MATRICES.

Par qui et comment sont dressées les matrices des contributions directes ?

Nous avons vu, en parlant du cadastre, que c'est

le directeur des contributions directes qui confectionne la matrice cadastrale et qu'on appelle ainsi un registre en forme de dictionnaire, contenant le compte ouvert de chaque contribuable de la commune. Composée du simple dépouillement des états de sections, cette matrice comprend autant d'articles qu'il y a de contribuables, et toutes les propriétés que chacun d'eux possède dans la commune sont réunies sous un même article avec toutes les indications données par l'état de sections.

Les répartiteurs, assistés du contrôleur des contributions directes, sont chargés de rédiger la matrice du rôle de la contribution personnelle et mobilière. Ils portent sur cette matrice tous les habitants jouissant de leurs droits et non réputés indigents, et déterminent les loyers qui doivent servir de base à la répartition individuelle.

Ce sont également les répartiteurs, assistés du contrôleur, qui rédigent la matrice de la contribution des portes et fenêtres, d'après les bases que nous avons fait connaître en traitant de l'assiette de cette taxe.

C'est le contrôleur seul qui rédige la matrice des patentes.

Qu'entend-on par matrice générale?

Le directeur forme pour chaque commune, à l'aide des matrices spéciales de la contribution foncière, de la contribution personnelle-mobilière et de la contribution des portes et fenêtres, une matrice appelée *matrice générale*, sur laquelle il inscrit les nom, prénoms, profession et demeure de chaque contribuable, ainsi que les bases sommaires de ses cotisations, c'est-à-dire, pour la contribution foncière, le total de son revenu à la matrice cadastrale; pour la contribution personnelle-mobilière, les chiffres indicateurs de la taxe personnelle dont il peut être passible, et la valeur locative de son habitation personnelle, s'il a été jugé imposable à la cote mobilière; pour la contribution des portes et fenêtres, le nombre des ouvertures ou des maisons qu'il possède dans chacune des catégories déterminées au tarif.

Dans quelques villes importantes, il est établi une matrice générale pour la contribution foncière et des portes et fenêtres; une autre pour les contributions personnelle-mobilière et des patentes.

Indépendamment des colonnes dans lesquelles sont inscrites les bases de cotisation, les matrices générales en contiennent qu' sont destinées à présenter le montant des cotisations elles-mêmes. Les matrices générales des communes ordinaires sont disposées pour quatre ans; celles des villes se renouvellent tous les ans.

Le directeur fait faire aux frais de la commune

une copie de la matrice générale, qui est déposée à la mairie. Cette copie est destinée à servir de renseignement pour le travail des mutations. Elle ne contient point les colonnes réservées sur la minute pour l'inscription des cotisations.

MUTATIONS.

Quel est le but du travail des mutations et en quoi consiste-t-il ?

Pour que la perception de l'impôt puisse avoir lieu régulièrement, il est nécessaire que les matrices soient tenues au courant des changements survenus dans la matière imposable ou dans la situation des contribuables ; ce but est obtenu au moyen des *mutations*, travail qui, chaque année, précède la confection des rôles.

Le travail des mutations comprend notamment : la réception des déclarations de mutation des propriétés foncières et la rédaction des extraits de matrice ou feuilles de mutation indiquant les parcelles, objet des changements ; la recherche des propriétés non bâties devenues imposables ou ayant cessé de l'être, celle des constructions et des démolitions totales ou partielles, ainsi que des changements de destination susceptibles d'affecter le revenu imposable des propriétés bâties ; la formation des états de changement concernant la contribution des portes et fenêtres et la contribution personnelle-mobilière, et le redressement des erreurs commises antérieurement dans la désignation des contribuables; enfin l'application des mutations sur les matrices.

Quelle part les percepteurs prennent-ils au travail des mutations?

D'après l'instruction générale sur les finances, l'opération même de la mutation est l'œuvre du contrôleur, assisté des répartiteurs ; mais les percepteurs sont appelés à prendre une part active aux travaux préparatoires. Ainsi, ils reçoivent, à des époques périodiques, les déclarations de mutations foncières et rédigent les extraits de matrice ou feuilles de mutation, hors le cas où le contrôleur est lui-même chargé de ces opérations; font des tournées dans les communes de leur perception et sont tenus de fournir tous les renseignements qu'ils peuvent recueillir pour l'amélioration de l'assiette de l'impôt et pour celle de la confection des rôles. A cet effet, ils tiennent, pour chaque commune de leur perception, un *cahier de notes* qu'ils portent avec eux dans leurs tournées, afin d'y indiquer soit d'après la demande des contribuables, soit d'après les faits parvenus à leur connaissance, les changements ou rectifications à opérer dans les rôles. Ils y doivent mentionner notamment tout ce qui concerne les constructions et les démolitions, les alluvions et les corrosions, les nouveaux patentables à imposer et ceux qui sont à supprimer des rôles. Ils rédigent, tous les trois mois, un extrait du cahier de notes, et le font parvenir au contrôleur par la voie hiérarchique.

Les percepteurs concourent aussi à l'établissement des matrices des patentes en se rencontrant dans les communes aux jours et heures fixés pour le travail, afin de fournir les renseignements qui leur seraient demandés par le contrôleur, mais sans être tenus d'accompagner ce dernier dans le parcours des communes.

RÔLES ET AVERTISSEMENTS.

Qu'entend-on par rôle et par avertissement ?

Lorsque les cotisations des contribuables ont été inscrites sur les matrices, le directeur fait expédier le rôle.

Le *rôle* est un cahier sur lequel sont transcrits les noms, prénoms, profession et demeure des contribuables avec les éléments de cotisation relatés sur les matrices et le chiffre des cotisations. La feuille de tête du rôle porte le nom de la commune et l'année à laquelle il se rapporte ; elle relate les lois, décrets ou actes qui autorisent l'impôt ; elle indique d'une manière détaillée le principal, le nombre, le produit et l'affectation de chaque espèce de centimes additionnels et fait ressortir le total des sommes imposées. Les centimes-le-franc ou marcs-le-franc qui ont servi au calcul des taxes y sont aussi énoncés. Le rôle est additionné et récapitulé par page ; la récapitulation reproduit le total des sommes imposées. Les rôles sont annuels et établis par commune. Lorsqu'un rôle est terminé, le directeur en fait, pour chaque contribuable, un extrait qui porte le nom d'*avertissement*.

Les rôles se divisent en rôles généraux, rôles spéciaux et rôles supplémentaires.

Les rôles généraux comprennent les quatre contributions directes.

Les rôles spéciaux sont ceux établis pour chacune des diverses taxes assimilées aux contributions directes, pour les bois ou tous autres biens qui sortent du domaine de l'État et deviennent imposables dans le courant de l'année, et pour les impositions communales qui n'ont pu être comprises dans les rôles généraux.

Des rôles supplémentaires sont faits pour les patentes et pour certaines taxes.

Que deviennent les rôles une fois confectionnés ?

A mesure que les rôles sont confectionnés, ils sont adressés au préfet pour être vérifiés et rendus exécutoires ; ils sont ensuite remis, avec les avertissements, par le directeur des contributions directes au trésorier général pour l'arrondissement chef-lieu, et aux receveurs des finances pour les autres arrondissements. Ces comptables sont chargés de les remettre aux percepteurs qui, dès que les rôles leur ont été confiés, doivent les remettre aux maires, afin qu'ils soient publiés dans la forme accoutumée.

En quoi consiste la publication du rôle?

La publication du rôle consiste dans une affiche, sur papier non timbré, que le maire doit faire apposer à la porte principale de la mairie et aux endroits accoutumés, le dimanche qui suit la réception du rôle. Cette affiche porte avertissement aux contribuables que le rôle, revêtu des formalités prescrites, est entre les mains du percepteur, et que chaque contribuable doit acquitter la somme pour laquelle il est porté audit rôle, dans les délais fixés par la loi, sous peine d'y être contraint. Le maire certifie au bas du rôle que la publication en a été faite tel jour, et le percepteur, aussitôt que tous les rôles de sa perception lui ont été remis par les maires, adresse au directeur des contributions directes un état indiquant, pour chaque commune, la date de la publication.

Que fait le percepteur des avertissements?

Le percepteur inscrit sur les avertissements la date de la publication du rôle, le lieu où se trouve son bureau, les jours de recette, soit à sa résidence, soit dans les communes où l'impôt est établi, et il les fait distribuer. Comme le prix de ces avertissements est compris dans les rôles et payable comme les contributions, le percepteur ne peut rien demander de plus aux contribuables, soit pour les avertissements eux-mêmes, soit pour les frais de leur remise.

Du recouvrement des contributions directes.

Comment se paient les contributions directes ?

Les contributions directes sont payables par douzièmes. Chaque douzième est exigible le 1er du mois pour le mois qui précède. Toutefois, comme il peut arriver que le rôle des patentes soit émis plus tard que ceux des autres contributions, la loi du 25 avril 1844 a décidé que, lorsque ce rôle serait mis en recouvrement postérieurement au 1er mars, le paiement des taxes qu'il comprend serait exigible par portions égales réglées d'après le nombre de mois restant à s'écouler jusqu'à la fin de l'année. La même disposition s'applique aux cotes comprises dans les rôles supplémentaires des patentes.

Dans quels cas l'impôt est-il immédiatement exigible ?

Mais il est des cas où le montant total de l'impôt est immédiatement exigible : les marchands forains, les colporteurs, les directeurs de troupes ambulantes, les entrepreneurs d'amusements et jeux publics non sédentaires, et tous autres patentables dont la profession n'est pas exercée à demeure fixe, sont tenus d'acquitter le montant total de leur cote au moment où la patente leur est délivrée. En cas de déménagement hors du ressort de la perception, et en cas de vente volontaire ou forcée, la contribution personnelle-mobilière ainsi que la contribution des patentes sont exigibles pour la totalité de l'année courante ; il en est de même, en cas de décès ou de faillite déclarée, pour la contribution personnelle-mobilière, mais non pour la contribution des patentes qui, dans ces deux cas, n'est due que pour le mois courant et les mois écoulés.

Lorsqu'un contribuable est en instance pour obtenir une décharge ou une réduction, l'exigibilité de l'impôt ne peut être suspendue qu'après le délai de trois mois à partir de la date de la réclamation, si celle-ci n'est pas, dans ce délai, définitivement jugée.

Nul fonctionnaire n'a le droit de surseoir au recouvrement des contributions directes ni aux poursuites qui ont ce recouvrement pour objet ; seulement, lorsqu'il est constaté que des communes ont éprouvé des pertes résultant d'événements désastreux qui ont mis les contribuables dans l'impossibilité de payer, le préfet en informe le trésorier général, afin de prévenir des poursuites pour des contributions qui devraient définitivement être couvertes par le fonds de non-valeurs.

Par qui est fait le recouvrement des contributions directes ?

Les percepteurs ont seuls qualité pour effectuer et poursuivre le recouvrement des contributions directes. Celles-ci sont quérables dans les communes, mais elles doivent être payées au bureau que le percepteur y établit tous les mois, à jour déterminé et publié à l'avance.

Au moment de chaque paiement, les percepteurs doivent délivrer une quittance non timbrée extraite d'un registre à souche, et émarger le versement au rôle en présence du contribuable qui verse. Ils croisent les articles entièrement soldés.

Comment s'exerce le privilége du Trésor pour le recouvrement de l'impôt direct ?

Pour assurer le recouvrement de l'impôt, la loi a attribué au Trésor, indépendamment des droits qu'il a, comme tout créancier, sur les biens des redevables, un privilége qui s'exerce avant tout autre :

1° Pour la contribution foncière de l'année échue et de l'année courante, sur les récoltes, fruits, loyers et revenus des biens immeubles sujets à la contribution ;

2° Pour l'année échue et l'année courante des autres contributions directes générales et spéciales, sur tous les meubles et autres effets mobiliers appartenant aux redevables, en quelque lieu qu'ils se trouvent.

On doit remarquer que le privilége du Trésor pour le recouvrement des contributions directes ne s'exerce que sur les meubles et revenus et non sur les immeubles.

Contre qui le recouvrement peut-il être poursuivi ?

En principe, l'impôt est dû par la personne inscrite au rôle. Sont néanmoins tenus de payer :

1° En vertu d'une action personnelle, et comme le redevable lui-même :

Ses héritiers et légataires ;

Ses fermiers, pour la contribution de l'année courante des biens qu'ils tiennent à ferme, sauf à eux à précompter sur le prix de leurs fermages les sommes qu'ils auront avancées, à moins que le bail n'ait mis l'impôt à leur charge ; les fermiers peuvent encore être tenus de payer, à la charge des propriétaires, en vertu des délégations faites par ces derniers et des rôles auxiliaires établis conformément à l'article 6 de la loi du 4 août 1844 ;

Les propriétaires et principaux locataires, pour les contributions personnelle-mobilière et des patentes de leurs locataires ou sous-locataires, lorsqu'en cas de déménagement de ces derniers hors du ressort de la perception, ils n'en ont point informé le percepteur un mois à l'avance, ou, si le déménagement a été furtif, lorsqu'ils ne l'ont pas fait constater dans les trois jours par le commissaire de police, le juge de paix ou le maire. La responsabilité ne s'étend pas toujours à la totalité de la contribution de l'année. La loi l'a limitée, pour la contribution personnelle-mobilière, en cas de déménagement furtif, aux termes échus, et pour la contribution des patentes, dans tous les cas, au douzième échu et au douzième courant ;

2° Indirectement et comme détenteurs des objets qui sont le gage du Trésor :

Sur la simple demande du percepteur, et, en cas de refus, par les voies de contrainte administrative, les fermiers, locataires, receveurs, économes, notaires, commissaires-priseurs et autres dépositaires et débiteurs de *deniers provenant du chef des redevables et affectés au privilége du Trésor public,* jusqu'à concurrence des sommes qu'ils doivent ou qui sont en leurs mains ; les quittances des percepteurs doivent être allouées en compte ;

Sur saisie-arrêt et autres moyens de droit commun, les détenteurs de *tous autres biens* du redevable sur lesquels le Trésor public a un privilége ou le droit de gage accordé à tout créancier.

Les receveurs des communes, hospices et autres établissements publics sont tenus au paiement des contributions dues par ces communes ou établissements, à moins, en ce qui concerne les communes, que la contribution due à raison des biens communaux d'un usage commun n'ait été répartie entre les habitants en raison de leur jouissance. Les quittances des percepteurs sont allouées en compte aux receveurs.

Quelle est la procédure du recouvrement ?

Le contribuable qui n'a pas acquitté au 1er du mois le douzième échu pour le mois précédent est dans le cas d'être poursuivi.

Le percepteur ne peut commencer les poursuites avec frais qu'après avoir prévenu le contribuable retardataire par une *sommation gratis*, laquelle doit être remise huit jours avant le premier acte entraînant des frais.

Aucune poursuite donnant lieu à des frais ne peut être exercée qu'en vertu d'une *contrainte* (1) décernée par le receveur particulier de l'arrondissement, visée par le sous-préfet, et qui désigne nominativement les contribuables à poursuivre.

La contrainte peut être délivrée, soit sur la demande du percepteur, soit d'office par le receveur particulier.

(1) Une *contrainte* est un mandement, un ordre adressé aux agents du recouvrement de procéder par voie d'exécution forcée contre les retardataires.

Pour les premiers degrés de poursuites, la contrainte est générale, c'est-à-dire qu'elle est délivrée contre tous les contribuables en retard, d'une ou même de plusieurs communes; pour les autres degrés, elle est spéciale et nominative.

Lorsque la contrainte est générale, elle doit être publiée dans la commune, par les soins du maire.

Quels sont les agents de poursuites ?

Les agents de poursuites sont : les *porteurs de contraintes*, qui agissent à tous les degrés, et les *garnisaires*, qui ne sont employés que pour la garnison collective et individuelle.

Dans quel ordre s'exercent les poursuites ?

Les poursuites s'exercent dans l'ordre suivant :

1° Garnison collective ou individuelle;

2° Commandement;

3° Saisie;

4° Vente.

Quel est le premier degré de poursuites ?

1° Le premier degré de poursuites est la *garnison collective* ou *individuelle*. Ce mode de poursuites est employé contre les contribuables retardataires qui ne se sont pas libérés huit jours après la délivrance de la sommation gratis.

La garnison est collective lorsqu'elle a lieu, à la fois, contre plusieurs redevables, par un seul garnisaire. Elle peut être exercée contre les contribuables retardataires sans distinction du montant des cotes.

Cette poursuite est notifiée à chacun des redevables par un bulletin imprimé et rédigé d'après un état nominatif dressé par le percepteur.

Le salaire de l'agent de poursuites employé à la garnison collective consiste en une somme *fixe*, par bulletin de garnison, d'après le taux réglé par l'arrêté du préfet.

La garnison est individuelle lorsqu'elle a lieu contre un seul redevable, par un garnisaire à domicile. Elle ne doit être exercée que trois jours après la garnison collective, lorsque les poursuites ont commencé par celle-ci ; elle ne peut être établie que chez les contribuables en retard dont les contributions s'élèvent à une somme déterminée par le préfet (en général au-dessus de 40 fr.), et lorsque les termes dus s'élèvent à un certain chiffre dont le minimum est également fixé par le préfet. Le garnisaire ne peut rester plus de deux jours chez un même redevable et doit se retirer s'il est libéré plus tôt.

Le percepteur peut d'abord employer contre un contribuable en retard la garnison collective et ensuite la garnison individuelle, ou bien commencer par cette dernière, sans qu'il puisse revenir à la garnison collective contre un même contribuable et pour la même dette. Toutefois, la garnison individuelle ne peut être employée, comme premier degré de poursuites, que lorsque les contributions et les termes dus s'élèvent à une somme fixée dans chaque département par le préfet.

Les garnisons collective et individuelle ont lieu en vertu de la même contrainte, et il suffit que cette contrainte soit décernée contre la commune dans laquelle se trouve le contribuable poursuivi.

Le prix de la journée de garnison à domicile est fixé conformément au tarif arrêté par le préfet.

Quel est le deuxième degré de poursuites ?

2° Le deuxième degré de poursuites est le *commandement.* Le commandement peut avoir lieu trois jours après l'exercice de la contrainte par garnison individuelle ou trois jours après la garnison collective, si la garnison individuelle n'a pas eu lieu.

Aucun contribuable retardataire ne peut être poursuivi par voie de commandement qu'en vertu d'une contrainte qui le désigne nominativement. Cette contrainte est décernée à la suite d'un état envoyé préalablement par le percepteur, ou dressé par le receveur particulier, d'après l'inspection des rôles et la situation des poursuites. La contrainte comprend l'ordre de procéder à la saisie, si le contribuable ne se libère pas dans le délai de trois jours, à compter de la signification du commandement. Lorsqu'un contribuable retardataire est domicilié hors du département dans lequel il est imposé, sans y être représenté par un fermier, locataire ou régisseur, il peut être procédé immédiatement contre lui par voie de commandement. Dans ce cas, comme dans celui où le contribuable réside dans un autre arrondissement, la contrainte, après avoir été visée par le sous-préfet, est transmise au receveur particulier de l'arrondissement où le contribuable a son domicile, afin qu'il en fasse suivre l'exécution par un porteur de contraintes et fasse opérer le recouvrement de l'impôt par le percepteur de la résidence du débiteur.

Quel est le troisième degré de poursuites ?

3° Après le commandement vient la *saisie* des meubles et celle des fruits pendants par racines, lorsque dans les trois jours le contribuable ne s'est point libéré. Le porteur de contraintes qui a signifié le commandement a qualité pour effectuer la saisie en vertu de la même contrainte. — La saisie est faite pour tous les termes échus des contributions et pour ceux qui sont devenus exigibles au jour de la vente, quoique le commandement ait exprimé une somme moindre. — Les saisies s'exécutent d'après les formes prescrites pour les saisies judiciaires. — En cas de revendication des objets saisis, l'opposition n'est portée devant les tribunaux qu'après avoir été déférée à l'autorité administrative. — Ne peuvent être saisis les objets mentionnés à l'article 592 du code de procédure civile. — L'insolvabilité des contribuables est constatée par des *procès-verbaux de carence* pour ceux contre lesquels une saisie précédée de commandement a été faite, et par de simples certificats d'indigence délivrés par le maire pour ceux dont l'insolvabilité est notoire. — Les percepteurs produisent ces certificats à l'appui de leurs états de cotes irrecouvrables.

Quel est le dernier degré des poursuites ?

4° La saisie est suivie de la *vente*, à laquelle il n'est procédé que sur l'autorisation spéciale du sous-préfet et huit jours après la clôture du procès-verbal de saisie. — Toutefois ce délai peut être abrégé, avec l'autorisation du sous-préfet, lorsqu'il y a lieu de craindre le dépérissement des objets saisis. — Les ventes de meubles sont faites par les commissaires-priseurs dans les villes où ils sont établis. Toutes les autres ventes sont faites par les porteurs de contraintes dans les formes usitées pour celles qui ont lieu par autorité de justice. Les porteurs de contraintes et les commissaires-priseurs sont tenus, sous leur responsabilité, de discontinuer la vente aussitôt que son produit est suffisant pour solder le montant des contributions dues et des frais de poursuites.

Les frais de poursuites de toute nature sont réglés par le sous-préfet d'après un tarif arrêté par le préfet.

Quels sont les moyens conservatoires des droits du Trésor ?

A côté des poursuites directes se placent quelques moyens conservatoires des droits du Trésor. Ainsi, à défaut de paiement de contributions, par un receveur, agent, économe, notaire, commissaire-priseur ou autre dépositaire et débiteur de deniers provenant d'un redevable, le percepteur peut faire entre leurs mains une saisie-arrêt, s'il ne procède pas contre eux par voie directe. — La saisie-arrêt ou opposition s'opère à la requête du percepteur, par le ministère d'un huissier ou d'un porteur de contraintes, suivant les formes réglées par le code de procédure civile. — Lorsqu'un percepteur est informé d'un commencement d'enlèvement furtif de meubles ou de fruits, et qu'il y a lieu de craindre la disparition du gage de la contribution, il a le droit, s'il y a déjà eu un commandement, de faire procéder immédiatement, et sans autre ordre ni autorisation, à la saisie-exécution par un porteur de contraintes, et, à son défaut, par un huissier. — Si le commandement n'a pas été fait, le percepteur établit d'office, soit au domicile du contribuable, soit dans le lieu où existe le gage de l'impôt, un gardien chargé de veiller à sa conservation, en attendant qu'il puisse être procédé aux poursuites ultérieures, qui doivent commencer sous trois jours au plus tard.

Quelle est la compétence en ce qui concerne les contestations relatives au recouvrement des contributions directes ?

Tout le fond du droit, en matière de contributions directes, ayant été réglé par des lois spéciales à la matière, il en résulte que tout ce qui tient à l'établissement de l'impôt jusqu'à l'acte qui déclare le contribuable débiteur, est du ressort de la juridiction administrative (conseil de préfecture et Conseil d'État), et qu'en ce qui touche les voies d'exécution pour le recouvrement de l'impôt, celles qui sont de droit fiscal appartiennent à la juridiction administrative, et celles qui sont de droit commun à la juridiction civile.

Quelles sont les obligations des percepteurs relativement au recouvrement de l'impôt ?

Les percepteurs ne doivent rien négliger pour assurer le recouvrement de l'impôt ; ils peuvent être tenus de verser *tous les dix jours* aux recettes des finances le montant des recouvrements faits sur les contribuables. Toutefois, en déterminant les jours de versement, les receveurs des finances tiennent compte de l'importance plus ou moins grande de la perception, de la gestion du titulaire, des frais que lui occasionnent ses versements, et des inconvénients qu'il pourrait y avoir pour le service à les rendre trop fréquents. Dans les villes où les recouvrements sont importants, les percepteurs peuvent être tenus d'effectuer leurs versements à des époques plus rapprochées.

Quelle est la responsabilité des agents en cas de non-recouvrement et de prescription ?

Les percepteurs sont responsables du recouvrement des contributions portées sur les rôles. Ils en doivent compte au receveur particulier, qui lui-même en doit compte au trésorier général, lequel est responsable vis-à-vis du Trésor. Ces derniers sont tenus de verser dans les caisses du Trésor le montant intégral des rôles, soit en argent, soit en ordonnances de dégrèvements, avant le 30 novembre de la seconde année de l'exercice. Si, à cette dernière époque, il y a des restes à recouvrer, les percepteurs demeurent autorisés à en poursuivre la rentrée au nom du Trésor, jusqu'à la fin de la troisième année de l'ouverture de l'exercice. Passé ce délai, ils soldent eux-mêmes les rôles de leurs deniers personnels, et sont subrogés aux droits du Trésor contre les redevables, mais ils ne peuvent plus agir contre eux lorsqu'ils ont laissé passer, sans faire de poursuites, trois ans à compter du jour où les rôles leur ont été remis, ou lorsque, après avoir commencé les poursuites, ils les ont abandonnées pendant le même laps de temps.

Des réclamations.

Combien les contribuables peuvent-ils former de sortes de réclamations en matière de contributions directes?

Les contribuables peuvent former deux sortes de réclamations en matière de contributions directes, suivant qu'ils basent leur demande sur un droit ou qu'ils s'adressent à la justice gracieuse.

Il y a lieu de demander *décharge* ou *réduction* toutes les fois qu'une cote a été indûment portée au rôle, ou qu'il y a eu surtaxe dans la cotisation; *remise* ou *modération*, lorsque la cote ayant été bien établie, le contribuable se trouve, par suite d'événements imprévus, privé de la totalité ou d'une partie de ses revenus, ou dans l'impossibilité d'acquitter sa cotisation. Décharge et réduction sont de justice rigoureuse, tandis que remise ou modération tiennent à la bienfaisance et à l'humanité bien plus qu'à la justice distributive.

Dans quelle forme doivent être présentées les réclamations?

Les réclamations doivent être adressées au préfet.

Nul n'est admis à réclamer pour autrui, s'il ne justifie, au moins par une simple lettre, qu'il a qualité pour le faire.

Les demandes doivent être individuelles.

Il est nécessaire de présenter une pétition particulière pour chacune des contributions sur lesquelles portent les réclamations.

Toute demande en décharge ou réduction doit être accompagnée : 1° de l'avertissement, 2° de la quittance des termes échus.

Toute réclamation ayant pour objet une cote de 80 fr. et au-dessus doit être rédigée sur papier timbré.

Les demandes en décharge ou réduction doivent parvenir à la préfecture dans les trois mois de la publication des rôles. Elles sont jugées par le conseil de préfecture.

Les demandes en remise ou modération doivent être présentées dans les quinze jours qui suivent l'événement qui les a motivées. Elles sont jugées par le préfet.

Les décisions du préfet peuvent être attaquées devant le ministre et les arrêtés du conseil de préfecture devant le Conseil d'État qui juge en dernier ressort.

Indépendamment des demandes à former par les contribuables, ne peut-il pas en être présenté par les agents de la perception ? — Qu'est-ce qu'une cote indûment imposée ? — Qu'est-ce qu'une cote irrecouvrable ?

Les rôles des contributions directes, pour être mis en recouvrement au 1ᵉʳ janvier de chaque année, doivent s'expédier pendant les mois de novembre et de décembre de l'année antérieure, et nécessairement on a dû commencer à en recueillir les éléments bien avant cette dernière époque. Entre le moment où l'on arrête les bases de cotisation et le 1ᵉʳ janvier, il survient des changements dont il n'est pas possible de tenir compte. Pour remédier à cet inconvénient, les percepteurs sont chargés de réclamer d'office, dans les trois premiers mois de l'année, la décharge des *cotes indûment imposées,* c'est-à-dire de celles qui n'existeraient pas, s'il était possible de rédiger les matrices et les rôles simultanément à la date précise du 1ᵉʳ janvier. À cet effet ils rédigent des états dits de cotes indûment imposées qu'ils adressent au préfet et aux sous-préfets par l'intermédiaire des receveurs particuliers.

Mais il arrive qu'il n'est pas toujours possible de reconnaître, dans les trois premiers mois de la publication des rôles, toutes les cotes indûment imposées et que les percepteurs se trouvent, par la suite, dans l'impossibilité d'en opérer le recouvrement. Il arrive également que certains contribuables deviennent tout à coup insolvables. Les percepteurs sont alors autorisés à présenter en fin d'année et avant le 1ᵉʳ avril de l'année suivante des états de cotes *irrecouvrables*, c'est-à-dire de cotes dont le recouvrement n'a pu être opéré, soit parce qu'elles avaient été tout d'abord indûment imposées, soit parce qu'elles concernent des contribuables devenus absolument insolvables.

Par qui sont jugées les demandes des percepteurs ?

C'est le conseil de préfecture qui statue sur les états de cotes indûment imposées et sur les cotes indûment imposées qui figurent sur les états de cotes irrecouvrables ; c'est au préfet qu'il appartient de prononcer sur les cotes irrecouvrables.

La différence dans la juridiction provient de ce que, dans le premier cas, la demande du percepteur est basée sur un droit, tandis que, dans le second, la question à examiner a trait uniquement à la responsabilité du percepteur, qui doit établir qu'il n'a rien négligé pour assurer le recouvrement.

Quels recours les percepteurs ont-ils contre les décisions du préfet et du conseil de préfecture ?

Les percepteurs peuvent se pourvoir en révision devant les préfets contre les décisions rendues par ce magistrat et en appel devant le ministre ; mais ils ne sont pas recevables à se pourvoir devant le Conseil d'État contre les arrêtés par lesquels les conseils de préfecture, statuant sur les cotes indûment imposées, refusent de prononcer la décharge demandée. Le droit de recours appartient seulement, dans ce cas, au ministre des finances. Le pourvoi fait par un percepteur ne devient recevable que si le ministre des finances se l'approprie.

Des dégrèvements.

Qu'appelle-t-on dégrèvement?

On appelle *dégrèvement* l'acte administratif par lequel il est accordé à un contribuable en réclamation, soit décharge ou réduction, soit remise entière ou simple modération de cote.

Qu'est-ce que l'ordonnance de dégrèvement?

L'ordonnance de dégrèvement est la pièce comptable qui sert de titre pour la libération du redevable.

Quels sont les fonds affectés aux dégrèvements?

Les fonds affectés aux dégrèvements se forment du montant des réimpositions autorisées par la loi de finances et du produit des centimes additionnels imposés dans les rôles pour non-valeurs.

Le montant du fonds de non-valeurs des contributions foncière, personnelle-mobilière et des portes et fenêtres se divise en deux portions: un tiers est mis chaque année à la disposition des préfets; les deux tiers restants forment un fonds commun qui est mis à la disposition du ministre, pour fournir des suppléments aux départements dont le fonds ordinaire se trouve insuffisant.

Le fonds de non-valeurs des patentes est formé

par le produit des cinq centimes additionnels ajoutés pour cet objet au principal des patentes. En cas d'insuffisance des cinq centimes, le montant du déficit est prélevé sur le principal des rôles.

Quelle imputation reçoivent les dégrèvements ?

Les décharges et réductions sur les contributions foncière, personnelle-mobilière et des portes et fenêtres provenant soit des demandes individuelles, soit des cotes indûment assises portées dans les états des percepteurs, sont réimposées dans les rôles de l'année suivante et réparties sur tous les contribuables.

Le Trésor fait provisoirement et par anticipation l'avance des sommes allouées en décharge et réduction sur les fonds de réimposition destinés à les couvrir.

Il est fait exception à cette règle, en ce qui touche les décharges et réductions prononcées sur les coti-sations foncière et des portes et fenêtres des pro-priétés bâties nouvellement construites ou démolies, ainsi que dans le cas de décharge ou réduction de contribution mobilière, pour cause de démolition de maison antérieure au 1er janvier de l'année cou-rante. Ces dernières, comme tous les autres dégrève-ments non réimposables, sont imputées sur le fonds de non-valeurs.

Les dégrèvements sur taxes spéciales sont imputés sur les fonds de non-valeurs spéciaux à ces taxes, lorsqu'il en existe, ou, à leur défaut, sur le montant même des rôles, qui se trouve alors diminué d'autant.

Par qui et comment sont rédigées et expédiées les ordonnances de dégrèvement ?

Le directeur des contributions directes est exclusivement chargé de la rédaction et de l'expédition des ordonnances de dégrèvement.

Toutes les ordonnances pour décharge et réduction, remise et modération, sont collectives. Elles doivent comprendre les dégrèvements qui ont été prononcés au profit des contribuables d'une même commune.

Il est délivré une ordonnance spéciale par nature de contribution et par nature de crédit.

Les ordonnances rédigées par le directeur sont vérifiées et signées par le préfet et remises ensuite au trésorier général qui les envoie aux percepteurs par l'intermédiaire des receveurs des finances.

Que doivent faire les percepteurs à la réception des ordonnances ?

A la réception des ordonnances, les percepteurs doivent en inscrire le montant à l'article de chaque contribuable, sur le rôle de l'exercice pour lequel elles ont été émises; cette inscription a lieu dans la colonne réservée pour les émargements.

Ils examinent ensuite, au fur et à mesure que les contribuables se présentent, si le montant du dégrèvement réuni aux sommes qui auraient été payées par chaque contribuable, avant d'avoir connaissance de l'ordonnance, est *égal ou inférieur* au montant de sa cote ou *s'il l'excède.*

Dans le premier cas, les percepteurs constatent l'admission de l'ordonnance sur le rôle pour le montant total du dégrèvement; ils portent en même temps la somme en recette sur leur journal à souche, et ils en délivrent quittance au nom du contribuable.

Dans le cas, au contraire, où des contribuables dégrevés ont effectué des paiements à valoir sur leurs contributions, avant d'avoir connaissance de la remise ou décharge prononcée à leur profit, et que ces paiements, réunis au montant des dégrèvements accordés, excèdent la cote pour laquelle ils avaient été compris au rôle, il y a lieu d'exécuter les dispositions suivantes : 1° Le percepteur fait ressortir sur le rôle la somme nécessaire pour solder la cote de l'exercice; il porte en recette, sur son journal à souche, le *montant intégral* de la somme allouée en décharge, et il en délivre quittance, savoir : à titre de *contributions directes,* pour la partie du dégrèvement admise en paiement des contributions; à titre spécial d'*excédant de versement,* pour la portion qui excède la somme due par le contribuable. 2° Le percepteur rembourse immédiatement aux contribuables présents l'excédant qui leur revient, et il s'en fait remettre quittance; lorsque le contribuable ne sait pas signer, le percepteur fait attester le *vu payer* par deux témoins. 3° Si quelques-uns des contribuables qui ont droit à des remboursements ne sont pas présents, le percepteur diffère ses opérations à leur égard, *pendant le délai d'un mois*, fixé pour le renvoi des ordonnances à la recette d'arrondissement. Lorsque ce délai est sur le point d'expirer, il constate sur le rôle et dans sa comptabilité, les dégrèvements prononcés au profit des contribuables absents. Il tient les excédants à la disposition des parties intéressées auxquelles il les rembourse, sur leur quittance, pourvu qu'elles se présentent *avant le 30 novembre de la seconde année de l'exercice.* Passé cette époque, aucun remboursement ne peut plus être fait par le percepteur sur les excédants de l'exercice expiré, attendu que ceux de ces excédants qui n'ont pas été réclamés jusqu'alors doivent être versés au Trésor par le trésorier général.

Pour constater l'inscription au rôle des ordonnances de décharges et réductions, remises et modérations, ces ordonnances doivent être revêtues de la signature des contribuables. Lorsque les contribuables dégrevés ne se présentent pas *dans le mois,* ou s'ils sont *illettrés, absents, décédés* ou *imposés collectivement,* cette formalité est remplie par le maire de la commune dans laquelle les contribuables ont leur domicile.

Que font les percepteurs des ordonnances relatives aux cotes irrecouvrables ?

Les percepteurs n'ont point de remboursement à faire aux contribuables, lorsqu'il s'agit de dégrèvements accordés pour des cotes d'abord jugées irrecouvrables, et sur lesquelles des versements auraient été obtenus. Lorsqu'ils reçoivent des ordonnances de cette nature, ils se reportent aux rôles pour reconnaître la portion de contribution qui n'a point été payée en deniers, ou allouée en remise et modération ; et c'est seulement pour cette portion que l'ordonnance est émargée sur le rôle, au profit du contribuable. Cet émargement est certifié cumulativement pour tous les contribuables dégrevés, par le maire ou adjoint de chaque commune ; les percepteurs leur remettent les quittances délivrées au nom des contribuables.

Carnet d'enregistrement.

Pour justifier de l'exécution des dispositions qui précèdent, les percepteurs tiennent un *carnet* où ils enregistrent la réception et l'emploi des ordonnances de dégrèvement, ainsi que les remboursements faits aux contribuables sur les excédants constatés à leur profit.

Remise des ordonnances à la recette particulière.

Les percepteurs doivent, *dans le délai d'un mois à partir de la réception des ordonnances,* les remettre au receveur de leur arrondissement, après que toutes les formalités indiquées sur chaque ordonnance ont été exactement remplies.

Délai pour le versement des ordonnances.

Les ordonnances de dégrèvement sont valables *jusqu'au dernier jour du dixième mois de la seconde année de l'exercice,* dans l'arrondissement où réside le trésorier général, et *jusqu'au* 20 *du même mois* dans les autres arrondissements.

Cas de réordonnancement.

S'il arrive que des ordonnances ou mandats ne puissent être admis en dépense par le trésorier général avant la clôture des paiements de l'exercice, les receveurs ou percepteurs qui les présentent après l'expiration des délais, ont à en suivre le remboursement pour leur propre compte. Les demandes en remboursement de cette nature doivent être adressées au préfet par l'entremise du trésorier général du département, pour qu'il y soit donné suite, s'il y a lieu, suivant les règles établies, soit par une réimputation sur les crédits de l'exercice courant, s'il s'agit d'ordonnances concernant le fonds de non-valeurs, soit par un or... ..ancement spécial à demander au ministère des ... ..es (administration des contributions directes) pour les autres ordonnances.

CINQUIÈME PARTIE
NOTIONS ÉLÉMENTAIRES DE COMPTABILITÉ COMMUNALE

Des receveurs municipaux.

Comment s'effectuent les recettes et les dépenses des communes ?

Les recettes et les dépenses des communes s'effectuent par un comptable appelé *receveur municipal* et qui est chargé seul, et sous sa responsabilité, de poursuivre la rentrée de tous les revenus de la commune et de toutes les sommes qui lui seraient dues, ainsi que d'acquitter les dépenses ordonnancées par le maire, jusqu'à concurrence des crédits régulièrement ouverts.

Comme comptables de deniers publics, les receveurs municipaux dépendent de l'administration générale des finances, et leur gestion est placée, à ce titre, sous la surveillance et la direction du receveur particulier des finances de l'arrondissement dans lequel ils exercent leurs fonctions, du trésorier-payeur général du département, et du ministre des finances; mais, indépendamment de leur hiérarchie

financière, ils restent soumis, comme agents communaux, à l'autorité des maires, des sous-préfets, des
préfets et du ministre de l'intérieur.

*A qui sont confiées les fonctions de receveur muni-
cipal?*

Les percepteurs des contributions directes rem-
plissent les fonctions de receveur municipal des
communes de leur circonscription.

Néanmoins, dans les communes dont le revenu
excède 30,000 fr., ces fonctions sont confiées, si le
conseil municipal le demande, à un receveur municipal spécial.

Dans quel lieu s'exercent-elles ?

Le siége de la recette municipale, pour toutes les
communes de la réunion, est le bureau du comptable
au lieu de sa résidence. C'est là que les créanciers
des communes doivent se rendre pour toucher le
montant des mandats qui leur ont été délivrés, et
les débiteurs pour acquitter les cotisations, redevan-
ces, fermages, etc., aux époques fixées par les titres
de perception.

Toutefois, le percepteur étant tenu, pour le recouvrement des contributions directes, de se transporter dans chaque commune de sa circonscription
au moins une fois par mois, il est évident qu'il doit
profiter du séjour qu'il y fait pour encaisser les produits communaux et pour répondre aux porteurs de

mandats, en tant que cela ne porte point préjudice au service de la perception des contributions directes.

Les comptables peuvent-ils avoir plusieurs caisses?

Chaque comptable ne doit avoir qu'une seule caisse, dans laquelle sont réunis tous les fonds appartenant aux divers services dont il est chargé. Il serait déclaré en déficit des fonds qui n'existeraient pas dans cette caisse unique.

Du budget communal.

Qu'entend-on par budget et exercice?

Le *budget* est l'acte par lequel sont prévues et autorisées les recettes et les dépenses annuelles de chaque commune.

L'*exercice* est la période d'exécution d'un budget.

L'exercice commence le 1er janvier et finit le 31 décembre de l'année qui lui donne son nom; néanmoins, il est accordé, pour en compléter les opérations, un délai qui est fixé au 31 mars de l'année suivante; à cette époque, l'exercice est clos définitivement.

Quelles sont les divisions du budget?

Le budget est divisé en deux titres : *Recel* :t *Dépenses.* Chacun de ces titres est subdivisé en deux chapitres : *recettes ordinaires* et *recettes extraordinaires; dépenses ordinaires et dépenses extraordinaires.*

Un troisième chapitre est ajouté à chaque titre

dans le cours même de l'exercice, lorsque les résultats de l'exercice clos sont connus. Ces chapitres additionnels prennent le nom de *budget supplémentaire.*

Par qui est proposé et voté le budget ?

Le budget de chaque exercice est proposé par le maire et délibéré par le conseil municipal, dans sa session ordinaire du mois de mai.

Il doit toujours être formé et réglé dans l'année qui précède l'ouverture de l'exercice auquel il s'applique. Ainsi, en 1875, le conseil municipal doit discuter et voter le budget de 1876.

Par qui est approuvé le budget ?

Les budgets sont approuvés par le préfet. Toutefois, pour les villes dont les revenus sont de 100,000 francs et au-dessus, le budget est réglé par un décret lorsqu'il présente des impositions extraordinaires proprement dites, mais seulement pour l'exercice qui donne lieu à ces impositions.

Les dépenses proposées dans le budget d'une commune peuvent être rejetées ou réduites par le décret ou par l'arrêté du préfet qui règle ce budget; mais elles ne peuvent être augmentées, et il ne peut y en être introduit de nouvelles qu'autant qu'elles sont obligatoires.

Comment s'exécute le budget ?

Les recettes et les dépenses des communes ne

peuvent être faites qu'en vertu du budget de chaque exercice ou d'autorisations supplémentaires.

Une expédition du budget dûment approuvée doit être remise, à la fin de chaque année, pour l'exercice qui va s'ouvrir, au receveur municipal chargé de l'exécuter. Elle lui parvient par l'entremise du receveur des finances.

Le budget supplémentaire lui parvient par la même voie.

Des revenus communaux.

Comment divise-t-on les recettes des communes?

Les recettes des communes sont ordinaires ou extraordinaires.

Quelles sont les recettes ordinaires ?

Les *recettes ordinaires* comprennent :

Cinq centimes ordinaires sur les contributions foncière et personnelle-mobilière ;

Attributions sur les patentes (8 cent. du principal) ;

Attributions sur le produit des permis de chasse ;

Attributions sur le produit de la contribution des chevaux et des voitures ($\frac{1}{20}$ du principal) ;

Attributions sur amendes ;

Droits d'octroi (produit brut) ;

Produit de l'abattoir ;

Droits de location des places aux halles, foires et marchés ;

Droits de pesage, mesurage et jaugeage;

Maisons et usines communales (prix de ferme);

Taxes affouagères et de pâturage;

Rentes sur l'État;

Rentes sur particuliers et intérêts de fonds placés;

Produit des concessions de terrain dans les cimetières;

Produit des expéditions des actes de l'état civil et administratifs;

Enlèvement des boues et immondices sur la voie publique;

Taxe municipale sur les chiens;

Intérêts de fonds placés au Trésor;

Imposition pour salaire des gardes champêtres;

Cinq centimes pour les chemins vicinaux;

Évaluation en argent de journées de prestations en nature;

Imposition locale pour insuffisance de revenus et s'appliquant à des dépenses annuelles;

Frais de perception des centimes communaux;

Rétribution scolaire des écoles de garçons;

Rétribution scolaire des écoles spéciales de filles;

Trois centimes spéciaux de l'instruction primaire;

Subvention du département ou de l'État pour complément de la dépense de l'instruction primaire;

Fondations pour l'instruction primaire;

Et généralement le produit de toutes les taxes de

ville et de police dont la perception est autorisée par la loi.

Quelles sont les recettes extraordinaires ?

Les recettes extraordinaires comprennent :

Les contributions extraordinaires dûment autorisées;

Le prix des biens aliénés;

Les dons et legs;

Le remboursement des capitaux exigibles et des rentes rachetées;

Le produit des coupes extraordinaires de bois;

Le produit des emprunts;

Le prix de vente des inscriptions de rentes sur l'État;

Les secours accordés par l'État ou par les administrations locales pour réparations aux édifices communaux ou autres dépenses;

Et toutes autres recettes accidentelles.

Quelles sont les obligations des receveurs municipaux relativement à la conservation des biens et revenus communaux ?

Les receveurs municipaux assistent à toutes les adjudications qui ont lieu pour le compte des communes. Ils sont tenus de faire, sous leur responsabilité personnelle, toutes les diligences nécessaires pour la perception des revenus, legs et donations et autres ressources, de faire faire contre les débiteurs en retard de payer, et à la requête des maires, les exploits, significations, poursuites et commandements nécessaires; d'avertir les administrateurs de l'expiration des baux; d'empêcher les prescriptions; de veiller à la conservation des domaines, droits, priviléges et hypothèques, de requérir à cet effet l'inscription au bureau des hypothèques de tous les titres qui en sont susceptibles; enfin de tenir registre de ces inscriptions et autres poursuites et diligences.

A quelles époques s'opère le recouvrement des produits communaux ?

Les receveurs municipaux recouvrent les divers produits aux échéances déterminées par les titres de perception ou par l'administration.

En vertu de quels titres ?

En général, ils ne peuvent recevoir aucune somme pour le compte des communes sans être nantis d'un titre régulier, même lorsqu'ils savent que ce titre existe. A cet effet, ils doivent recevoir, indépendamment des budgets, une expédition en forme de tous les baux, contrats, jugements, déclarations, titres, rôles d'impositions, taxes et cotisations locales concernant les revenus dont la perception leur est confiée.

Les titres de perception doivent parvenir aux receveurs municipaux par l'entremise des receveurs des finances. Les comptables à qui des titres de perception parviendraient par une autre voie, et sans être revêtus du visa ou du cachet du receveur des finances, devraient, en en donnant avis à ce receveur, les renvoyer aux fonctionnaires qui les leur auraient adressés.

Quel est le mode de recouvrement des revenus communaux ?

Les communes sont, pour le recouvrement de leurs revenus, sous l'empire du droit commun et soumises aux règles ordinaires de procédure, sauf quelques exceptions déterminées par la loi.

Ainsi les taxes particulières dues par les habitants ou propriétaires en vertu des lois et des usages locaux, telles que les taxes de pacage, d'affouage, de pâturage, sont réparties par délibérations du conseil municipal approuvées par le préfet. Ces taxes sont perçues suivant les formes établies pour le recouvrement des contributions publiques.

Sont aussi perçues suivant les mêmes formes les prestations pour les chemins vicinaux, la taxe sur les chiens et la rétribution scolaire.

Toutes les recettes municipales pour lesquelles les lois et règlements n'ont pas prescrit un mode spécial de recouvrement s'effectuent sur des états dressés par le maire. Ces états sont rendus exécutoires après qu'ils ont été visés par le sous-préfet.

Lorsque les créances à recouvrer sont déjà constatées par un titre exécutoire, tel qu'un jugement ou un acte notarié, la poursuite se fait en vertu de l'acte même.

Comment s'exercent les poursuites ?

Le mode de poursuites, en ce qui concerne les revenus communaux, diffère suivant que le recouvrement est soumis aux règles du droit commun ou doit être opéré suivant les règles établies pour le recouvrement des contributions directes.

Comment s'exercent les poursuites d'après les règles du droit commun ?

D'après les règles du droit commun, les poursuites à exercer contre les débiteurs en retard ont deux premiers degrés que les receveurs municipaux, porteurs de titres exécutoires, peuvent employer :

Le commandement par ministère d'huissier, à la requête du maire ;

La saisie-exécution des meubles, en observant les formalités prescrites par le code de procédure.

Après ce dernier acte de poursuite, le receveur informe le maire qu'il a fait procéder à la saisie-exécution ; que, par le procès-verbal de cette saisie, la vente a été indiquée pour telle époque et qu'à moins d'ordres contraires de sa part, il passera outre à la vente.

Si le receveur ne reçoit pas d'ordre de sursis, il passe outre à la vente.

Si le maire juge, au contraire, qu'il y a lieu de surseoir à la vente, il doit en donner l'ordre écrit au receveur, qui suspend alors ses poursuites.

Les receveurs municipaux sont tenus de donner avis, dans les vingt-quatre heures, au préfet du département et au receveur des finances, sous la surveillance duquel ils sont placés, des ordres de sursis qu'ils ont reçus des maires.

Les états de poursuites qu'exigent les produits municipaux sont payés par les receveurs à titre d'avances.

Les états de frais régulièrement liquidés et les quittances des sommes versées à ce titre forment les pièces justificatives des avances faites sur les fonds communaux et à recouvrer sur les débiteurs.

Comment s'exercent les poursuites d'après le mode réglé pour le recouvrement des contributions directes ?

En ce qui concerne les produits communaux assimilés, pour le recouvrement, aux contributions directes, les poursuites s'exercent suivant le mode réglé pour ces contributions, c'est-à-dire par voie de contrainte et de garnison ; et comme les receveurs municipaux sont placés sous la surveillance des receveurs des finances, ce sont ces derniers comptables qui décernent les contraintes et autorisent l'emploi des garnisaires et des porteurs de contraintes. Les frais de poursuites sont déterminés par le tarif en usage dans le département, et les états en sont soumis à l'autorité administrative, qui taxe les frais faits pour le recouvrement des contributions directes. Les frais ainsi déterminés sont payés par les receveurs des finances avec leurs fonds personnels; mais les receveurs sont autorisés à s'en faire couvrir immédiatement par les receveurs municipaux, qui les prélèvent, à titre d'avances, sur les fonds libres des communes, sauf remboursement par les redevables.

Les percepteurs, qui sont en même temps receveurs municipaux, peuvent exercer les poursuites collectivement pour le recouvrement des contributions directes et celui des taxes communales qui y sont assimilées. Les contraintes doivent, dans ce cas, présenter le détail de la situation des redevables à l'égard de chaque service.

Règles particulières à certaines branches de revenus.

En traitant du budget de la commune, nous avons mentionné les diverses recettes qui doivent y être portées. Parmi ces recettes, il en est qui exigent quelques développements, soit à raison de leur caractère plus général, soit à cause de leur plus grande importance pécuniaire, soit enfin par leur étroite corrélation avec les finances de l'État. C'est à ces divers titres que nous nous occuperons successivement du produit des centimes ordinaires affectés aux communes par les lois de finances, du produit de la portion accordée aux communes dans l'impôt des patentes, du produit des octrois municipaux, des taxes d'affouage, et enfin des contributions extraordinaires établies dans l'intérêt des communes.

Centimes ordinaires.

Les centimes additionnels communaux que la loi désigne sous le nom d'ordinaires comprennent, indépendamment des centimes ordinaires proprement dits, les centimes spéciaux, c'est-à-dire spécialement affectés à certaines dépenses.

Les centimes ordinaires proprement dits sont au nombre de cinq et ne portent que sur la contribution foncière et sur la contribution personnelle-mobilière. Leur produit est affecté aux dépenses ordinaires des communes.

Les centimes spéciaux sont principalement ceux affectés aux dépenses de l'instruction primaire et ceux affectés aux dépenses des chemins vicinaux. Le maximum est de trois pour les premiers et de cinq pour les seconds ; ils portent sur les quatre contributions directes.

Le produit des centimes ordinaires est mis tous les mois, ou au moins tous les trois mois, à la disposition des communes, dans la proportion des recouvrements effectués sur les contributions. A cet effet, chaque percepteur, après en avoir fait le calcul approximatif, et sauf liquidation définitive à la recette des finances, en retient le montant sur ses recettes pour l'appliquer lui-même aux dépenses des communes, s'il réunit à ses fonctions celles de receveur municipal; dans le cas contraire, il donne avis au receveur spécial de la commune des époques auxquelles il fait ses versements à la recette des finances, afin que ce receveur puisse s'y transporter pour toucher le produit de la liquidation et en délivrer quittance.

Le calcul définitif des sommes à allouer est fait cumulativement, pour les communes dont un même percepteur gère les revenus, au moyen de décomptes établis dans les bureaux des receveurs des finances.

Attribution sur la contribution des patentes.

La portion accordée aux communes dans l'impôt des patentes est de huit centimes prélevés sur le principal de cet impôt. Ainsi, dans ce cas particulier, la recette communale n'a pas lieu par voie d'addition au principal, mais par voie de prélèvement sur le même principal. C'est une dérogation aux règles ordinaires, dans le but d'intéresser les communes au recouvrement de l'impôt des patentes.

Le produit des huit centimes est calculé par les directeurs des contributions directes dans les états du montant des rôles, et il est alloué aux communes aux époques et selon les règles déterminées pour les centimes additionnels.

Produit des octrois.

Les droits d'octroi sont des taxes indirectes et locales établies sur certains objets de consommation pour subvenir aux dépenses qui sont à la charge des communes. L'origine des octrois remonte à l'ancienne monarchie française. Leur dénomination vient de ce qu'ils étaient concédés, *octroyés* par la puissance royale.

Aucun octroi ne peut être établi ou modifié qu'en vertu d'un règlement d'administration publique.

La désignation des objets à imposer, le tarif, le mode et les limites de la perception, sont délibérés par les conseils municipaux qui décident, en conséquence, si le mode de perception sera : la régie simple, la régie intéressée, le bail à ferme ou l'abonnement avec l'administration des contributions indirectes.

Qu'est-ce que la régie simple ?

La *régie simple* consiste à faire percevoir les droits pour le compte de la commune, par des agents spéciaux jouissant de salaires ou traitements fixes.

Les sommes ainsi recouvrées sont versées par les agents entre les mains du recevour municipal.

Qu'est-ce que la régie intéressée ?

La *régie intéressée* consiste à traiter avec un régisseur qui se charge d'opérer les recouvrements pour le compte de la commune, moyennant un prix fixe et une portion déterminée dans les produits excédant le prix principal et la somme abandonnée pour les frais. On y procède par voie d'adjudication.

Le produit fixe des octrois en régie intéressée est versé par douzième, de mois en mois et d'avance, à la recette municipale. Le partage des bénéfices est fait provisoirement à la fin de chaque année et réglé définitivement à l'expiration du bail.

Qu'est-ce que le bail à ferme ?

Le *bail à ferme* est l'adjudication pure et simple des produits de l'octroi moyennant un prix convenu, sans partage de bénéfices et sans allocation de frais.

Le produit des octrois en ferme doit être versé au receveur municipal par l'adjudicataire, à dater de son entrée en jouissance, par douzième, de mois en mois et d'avance.

Qu'est-ce que l'abonnement avec la régie des contributions indirectes ?

L'abonnement avec l'administration des contributions indirectes, qui n'est qu'une modification de la régie simple, consiste dans la convention par laquelle la commune confie la perception et le service de l'octroi aux employés ordinaires des contributions indirectes moyennant une somme déterminée pour les traitements fixes ou éventuels, tous les autres frais restant à la charge de la commune.

Le versement des produits entre les mains du receveur municipal est fait, comme dans la régie simple, par les agents préposés aux portes et barrières et par ceux du bureau central.

Rôles d'affouage.

Les taxes d'affouage sont des taxes nominatives qui peuvent être imposées aux ayants droit à la distribution des coupes affouagères. Le rôle qui fixe la quote-part de chaque redevable est appelé *rôle d'affouage*. Il est dressé par le conseil municipal. Les taxes d'affouage sont destinées à l'acquit des charges dont est grevée la propriété forestière de la commune au profit de l'État, à défaut d'autres ressources pour y faire face.

Nul habitant ne peut enlever sa portion d'affouage qu'en présence de l'entrepreneur de la coupe, qui n'y doit consentir que sur la représentation de la quittance du receveur municipal constatant le paiement de la taxe, et du permis du maire apposé au dos de cette quittance.

Le recouvrement et les poursuites relatifs à ces taxes ont lieu comme en matière de contributions directes.

Impositions extraordinaires.

Lorsque les centimes additionnels ordinaires et spéciaux et les autres revenus sont insuffisants pour faire face aux dépenses ordinaires des communes, celles-ci peuvent s'imposer des centimes additionnels extraordinaires destinés à maintenir l'équilibre des recettes et des dépenses annuelles. Le produit de cette imposition, en raison de sa destination même, doit être classé parmi les recettes ordinaires.

Les communes peuvent, en outre, s'imposer des centimes additionnels extraordinaires, destinés à pourvoir à des dépenses éventuelles d'une utilité reconnue, dans la limite du maximum fixé par le conseil général. Une imposition de ce genre qui dépasserait le maximum devrait être autorisée par un décret pour les communes dont le revenu est inférieur à 100,000 francs et par une loi pour les communes dont le revenu dépasse cette somme.

Dans les communes où les revenus sont inférieurs à 100,000 francs, lorsqu'il s'agit de contributions extraordinaires, les plus imposés aux rôles de la commune doivent être appelés à délibérer avec le conseil municipal, en nombre égal à celui des membres en exercice. Lorsque les plus imposés appelés sont absents, ils sont remplacés, en nombre égal, par les plus imposés après eux sur les rôles.

La liste des plus imposés en nombre double de ceux des membres du conseil municipal en exercice est dressée par le percepteur.

Emprunts.

Lorsque les revenus des communes sont insuffisants pour leur permettre de réaliser immédiatement leurs projets d'amélioration ou d'entreprendre les travaux dont le besoin se fait sentir, elles ont recours à l'emprunt.

Le vote et l'autorisation d'emprunts même remboursables à l'aide des revenus ordinaires, sans impositions extraordinaires, sont soumis aux mêmes règles que les impositions extraordinaires.

Pour qu'un emprunt puisse être autorisé, il faut que l'objet de la dépense soit déterminé et reconnu urgent; que les projets auxquels il s'applique soient préalablement approuvés par l'autorité compétente; que la situation financière de la commune soit clairement établie, ainsi que la nécessité de l'emprunt; enfin que le mode et les moyens d'amortissement soient complétement assurés.

Divers modes de les contracter.

Les communes peuvent être autorisées à réaliser leurs emprunts soit par voie d'adjudication publique ou par traité de gré à gré avec des particuliers, soit par traité de gré à gré avec la caisse des dépôts et consignations ou avec la société du Crédit foncier.

1° Adjudication publique.

Lorsque le mode autorisé est l'adjudication publique, le maire doit dresser un cahier des charges énonçant le mode et les termes de paiement, le maximum de l'intérêt comme mise à prix, et enfin toutes les autres conditions déterminées par la délibération du conseil municipal, le décret ou la loi qui autorise l'emprunt. Le cahier des charges est soumis à l'approbation du préfet, et l'adjudication a lieu ensuite au rabais par soumissions.

2° Traité de gré à gré avec des particuliers.

Lorsque les communes sont autorisées à contracter leurs emprunts par traité de gré à gré ou par voie de souscription, les conditions des souscriptions à ouvrir et des traités de gré à gré doivent être préalablement soumises à l'approbation du préfet.

3° Émissions d'obligations.

Les communes peuvent aussi, pour leurs emprunts, être autorisées à émettre des obligations au porteur ou transmissibles par voie d'endossement. Toutefois cette faculté n'est accordée que dans le cas où la réalisation de l'emprunt par les voies ordinaires ne semble pas assurée.

4° Traité avec la caisse des dépôts et consignations.

Les prêts que la caisse des dépôts et consignations

est dans l'usage de faire aux communes régulièrement autorisées à emprunter sont soumis aux conditions suivantes :

La période de l'amortissement peut être fixée, au
choix des emprunteurs, dans la limite de douze
années;

L'intérêt est fixé au taux de 4 $^{1}/_{4}$ p. 100;

Les prêts sont réalisés en un ou plusieurs paiements, à la convenance des emprunteurs, dans l'espace d'une année, à partir de l'accomplissement des
formalités préalables;

Les emprunteurs peuvent souscrire soit des obligations pour le remboursement du capital et des cou-
pons semestriels d'intérêts, soit des annuités égales
comprenant l'intérêt et l'amortissement du capital;

La réalisation des emprunts a lieu par l'entremise
du trésorier général, au crédit duquel les fonds sont
versés au Trésor.

5° *Traité avec la société du Crédit foncier.*

Les prêts que la société du Crédit foncier est autorisée à faire aux communes sont consentis avec ou
sans affectation hypothécaire, et remboursables, soit
à long terme, par annuités, soit à court terme, avec
ou sans amortissement. Ils sont réalisables en numé-
raire.

Les prêts ne sont consentis qu'aux conditions suivantes :

Intérêt à 5 p. 100 ;

Commission pour frais d'administration, 45 centimes p. 100.

La durée des prêts peut varier de cinq à cinquante ans, et les communes peuvent se réserver la faculté de rembourser par anticipation.

Des dépenses communales.

Comment divise-t-on les dépenses des communes ?

Les dépenses des communes sont obligatoires ou facultatives.

Quelles sont les dépenses obligatoires ?

Les *dépenses obligatoires* sont celles qui sont indispensables pour assurer la marche régulière des services les plus essentiels de la commune. Ce sont :

L'entretien de l'hôtel de ville ou du local affecté à la mairie ;

Les frais de bureau et d'impressions pour le service de la commune ;

Les frais de confection de matrices, rôles et avertissements à la charge des communes ;

Timbre des comptes et registres de la comptabilité communale, des mandats, rôles de taxes, etc. ;

L'abonnement au *Bulletin des lois* ou au *Moniteur des communes* ;

Les frais de recensement de la population ;

Les frais des registres de l'état civil et la portion des tables décennales à la charge des communes;

Le traitement du receveur municipal, du préposé en chef de l'octroi et des frais de perception;

Le traitement des gardes des bois de la commune et des gardes champêtres;

Le traitement et les frais de bureau des commissaires de police;

Les pensions des employés municipaux et des commissaires de police, régulièrement liquidées et approuvées;

Les frais de loyer et de réparation du local de la justice de paix, ainsi que ceux d'achat et d'entretien de son mobilier dans les communes chefs-lieux de canton;

Les dépenses relatives à l'instruction publique, conformément aux lois;

Les dépenses relatives aux chemins vicinaux;

Les frais de recouvrement dans les villes qui perçoivent des droits d'octroi;

L'indemnité de logement aux curés et desservants et aux ministres des cultes salariés par l'État, lorsqu'il n'existe pas de bâtiment affecté à leur logement;

Les secours aux fabriques des églises et autres administrations préposées aux cultes dont les ministres sont salariés par l'État, en cas d'insuffisance de leurs revenus, justifiée par leurs comptes et budgets ;

Le contingent assigné à la commune, conformément aux lois, dans la dépense des enfants assistés et des aliénés ;

Les grosses réparations des édifices communaux, sauf l'exécution des lois spéciales concernant les bâtiments militaires et les édifices consacrés au culte ;

La clôture des cimetières, leur entretien et leur translation dans les cas déterminés par les lois et règlements d'administration publique ;

Les frais des plans d'alignement ;

Les frais et dépenses des conseils de prud'hommes, pour les communes où ils siégent ; les menus frais des chambres consultatives des arts et manufactures, pour les communes où elles existent, ainsi que des sociétés de secours mutuels ;

Les contributions et prélèvements établis par les lois sur les biens et les revenus communaux ;

Les secours et pensions accordés aux sapeurs-pompiers, à leurs veuves et à leurs orphelins ;

La part contributive de la commune dans la dépense des travaux de défense contre les inondations ;

Les frais de tenue des assemblées électorales pour l'élection des membres de l'Assemblée nationale, des conseils généraux, des conseils d'arrondissement, des conseils municipaux, des tribunaux de commerce;

Les dépenses relatives à la mise en valeur des marais et des terrains incultes appartenant aux communes;

Les dépenses relatives au reboisement et au gazonnement des montagnes;

Les frais de logement des présidents des cours d'assises;

Frais de chambres ou dépôts de sûreté;

Frais de route des indigents envoyés aux eaux thermales;

Les dépenses du matériel des commissions de statistique pour les chefs-lieux de canton;

Les frais de visite des fours et cheminées;

L'entretien du pavé dans les rues qui ne sont pas grandes routes;

L'acquittement des dettes exigibles;

Et généralement les dépenses mises à la charge des communes par une disposition de la loi.

Quelles sont les dépenses facultatives?

Toutes les autres dépenses sont *facultatives*, c'est-à-dire qu'il appartient exclusivement au conseil municipal d'allouer ou de ne pas allouer des crédits pour les couvrir.

Les dépenses facultatives les plus ordinaires sont :

L'abonnement à diverses publications administratives;

La dépense des imprimés relatifs aux écritures et comptes de gestion du receveur municipal;

Les frais d'assurance contre l'incendie;

L'entretien des promenades publiques;

L'entretien des fontaines, lavoirs et abreuvoirs publics;

L'entretien des pompes à incendie;

Les dépenses de l'éclairage;

Le salaire du cantonnier communal;

Les fonds accordés aux hospices et aux bureaux de bienfaisance;

Le supplément de traitement alloué au curé ou desservant;

Le supplément de traitement de l'instituteur;

Le traitement et l'indemnité de logement de l'institutrice;

L'entretien du mobilier scolaire et du mobilier personnel des instituteurs et institutrices lorsque ce mobilier appartient à la commune;

La subvention communale pour la bibliothèque scolaire;

Les dépenses des salles d'asile;

L'indemnité donnée à la sage-femme;

Les dépenses des fêtes publiques;

Les dépenses imprévues.

Quelle différence essentielle distingue les dépenses obligatoires des dépenses facultatives, en ce qui concerne leur inscription au budget ?

Les dépenses facultatives proposées au budget d'une commune peuvent être rejetées ou réduites par l'autorité supérieure ; mais cette autorité ne peut les augmenter ni en introduire de nouvelles si elles sont facultatives. Au contraire, si un conseil municipal n'allouait pas les fonds exigés pour une dépense obligatoire, ou n'allouait qu'une somme insuffisante, l'allocation nécessaire serait inscrite d'office au budget par l'autorité supérieure.

Dans la pratique, suit-on la division en dépenses obligatoires et en dépenses facultatives dans la formation du budget ?

La loi du 18 juillet 1837 sur l'administration municipale, en établissant cette distinction entre les dépenses des communes, n'a eu d'autre objet que de déterminer celles qui sont obligatoires ; mais, dans la pratique, l'administration a maintenu la division ancienne des dépenses en ordinaires et extraordinaires, comme paraissant offrir plus d'avantages.

Les *dépenses ordinaires* sont celles qui ont lieu chaque année et qui tiennent aux services ordinaires de l'administration municipale. Elles doivent être classées, dans les budgets et les comptes communaux, dans un ordre qui réponde aux subdivisions suivantes : 1° Frais d'administration, traitements et salaires des agents et employés communaux; 2° entretien des biens communaux, contributions et prélèvements sur les biens et revenus, salubrité, sûreté, voirie; 3° établissements de charité, secours, pensions; 4° instruction publique, beaux-arts; 5° culte; 6° fêtes publiques, dépenses imprévues.

Les *dépenses extraordinaires* sont celles qui ne sont pas de nature à se produire périodiquement, et qui sont imposées momentanément aux communes pour frais relatifs à des produits extraordinaires; pour travaux communaux de toute nature qui ne pourraient être considérés comme étant de simple entretien; pour indemnités, secours ou subventions extraordinaires; pour l'amortissement des emprunts, etc.

Ordonnancement des dépenses.

Aucune dépense ne peut être acquittée par les receveurs municipaux si elle n'a été préalablement *ordonnancée* sur un *crédit* régulièrement ouvert.

Qu'entend-on par crédit ?

On appelle *crédit*, en langage de comptabilité, l'autorisation donnée par l'autorité compétente d'employer une certaine somme à une dépense déterminée.

Qu'entend-on par ordonnancement, ordonnance ou mandat ?

Ordonnancer une dépense, c'est en prescrire le

paiement au moyen d'un ordre écrit délivré par l'administrateur aux ayants droit, signé de lui et adressé au caissier payeur. Cet ordre s'appelle *ordonnance* ou *mandat.*

Quelles sont les règles générales relatives à l'ouverture des crédits ?

Les crédits en vertu desquels les dépenses des communes doivent être acquittées sont ouverts dans les budgets.

Chaque crédit doit servir exclusivement à la dépense pour laquelle il a été ouvert.

Les crédits accordés pour un exercice sont affectés au paiement des dépenses qui résultent de services faits dans l'année qui donne son nom à l'exercice. Ils restent ouverts jusqu'au 31 mars de l'année suivante, mais ce délai n'est accordé que pour compléter le paiement des dépenses auxquelles ils ont été affectés.

Les crédits ou portions de crédits qui n'ont pas reçu leur emploi à la clôture de l'exercice sont annulés ou reportés, comme restes à payer, à l'exercice suivant.

A qui appartient la délivrance des mandats ?

Les maires ou les adjoints qui les remplacent sont les seuls ordonnateurs des dépenses municipales. Leurs ordonnances ou mandats doivent exprimer le nom du créancier, l'objet de la dépense, l'année où le service a été fait, le montant de la dette, le crédit du budget sur lequel le paiement est imputé, enfin les pièces justificatives.

Aucune dépense ne peut être ordonnancée passé le 15 du mois de la clôture de l'exercice, et les mandats non payés dans les quinze jours suivants sont annulés, sauf réordonnancement, s'il y a lieu, avec imputation sur les reliquats de l'exercice clos, reportés au budget de l'année courante.

Quelles sont les situations à fournir par les receveurs municipaux ?

Les receveurs municipaux sont tenus de fournir aux maires des états mensuels et des bordereaux trimestriels présentant l'état de leurs recettes et de leurs dépenses avec le montant et la composition de leur encaisse.

Acquittement des dépenses.

Tout paiement effectué sans l'accomplissement des formalités prescrites peut rester à la charge du comptable.

Dans quel cas les receveurs municipaux peuvent-ils refuser le paiement ?

Les receveurs municipaux ne peuvent refuser ou retarder le paiement que dans les cas suivants :

Si la somme ordonnancée ne portait pas sur un crédit ouvert, ou excédait ce crédit ;

Si les pièces produites étaient insuffisantes ou irrégulières;

S'il y avait opposition, dûment signifiée entre les mains du comptable, contre le paiement réclamé;

Si par suite de retard dans le recouvrement des revenus, il y avait insuffisance de fonds dans la caisse communale.

Lorsqu'un receveur refuse ou retarde un paiement, il doit remettre au porteur du mandat une déclaration écrite énonçant les motifs de son refus

Les comptables n'ont point qualité pour apprécier le mérite des faits auxquels se rapportent les pièces à l'appui de chaque mandat. Il suffit, pour garantir leur responsabilité, qu'elles soient visées, et par conséquent attestées par l'ordonnateur.

Les receveurs municipaux doivent refuser le paiement des mandats qui leur seraient présentés après l'époque fixée pour la clôture de l'exercice; ces mandats sont annulés, sauf réordonnancement ultérieur.

Les parties prenantes doivent dater elles-mêmes leurs quittances et y désigner la commune où le paiement a lieu. Les receveurs municipaux sont tenus de veiller à l'accomplissement de cette formalité, et de la remplir eux-mêmes si les parties prenantes sont illettrées.

Lorsque le porteur d'un mandat n'excédant pas 150 francs ne sait signer, le receveur municipal peut effectuer le paiement en présence de deux témoins, qui signent avec lui, sur le mandat, la déclaration faite par la partie prenante. Si le mandat excède 150 francs, la quittance doit être donnée devant notaire, à moins qu'il ne s'agisse de prix de terrains cédés pour cause d'utilité publique, auquel cas les quittances, même excédant 150 francs, peuvent être données dans la forme des actes administratifs, c'est-à-dire devant le maire.

Opérations diverses qui n'affectent pas le budget.

Services en dehors des budgets.

Indépendamment des recettes et des dépenses à effectuer en exécution des budgets, les receveurs municipaux sont chargés de diverses opérations qui ont généralement pour objet :

Les fonds de retraites ou de pensions des employés des mairies, etc. ;

Les recettes et les dépenses d'ordre des octrois en régie simple ou perçus par voie d'abonnement avec l'administration des contributions indirectes ;

Les coupes affouagères délivrées gratuitement ;

Les dépôts de garantie et les cautionnements pour adjudications et marchés ;

Les excédants de versements sur les produits communaux (prestations pour chemins vicinaux, taxes sur les chiens, rétribution scolaire) ;

Les retenues à opérer pour le service des pensions civiles et en vertu d'oppositions ;

La rétribution scolaire recouvrée pour le compte particulier des institutrices ;

Les cotisations particulières établies en vertu d'usages locaux, etc. ;

Les recettes faites avant l'ouverture de l'exercice ;

La part attribuée aux pauvres ou aux hospices dans les produits des concessions dans les cimetières, quand le receveur municipal n'est pas en même temps receveur hospitalier.

Avances à recouvrer.

Les receveurs municipaux doivent faire, sur le produit de leurs recettes, diverses avances qui ont ordinairement pour objet :

Les frais de route des voyageurs indigents et condamnés libérés ;

Les feuilles de passe-port à l'intérieur ;

Les frais judiciaires en matière d'octroi ;

Les frais de poursuites et de procédure, de renouvellement de titres et d'inscriptions hypothécaires ;

Les dépôts pour achats de rentes ;

Les contributions dues par les fermiers des biens des communes et les frais de culture à rembourser par les fermiers ;

Les frais d'expertises en matière de contributions directes.

Les receveurs municipaux doivent constater ces avances et les remboursements qui leur sont faits, à des comptes particuliers ; les pièces justificatives des avances sont classées comme valeurs dans leur comptabilité.

Des livres et des écritures.

Les écritures des percepteurs receveurs municipaux nécessitent l'emploi des livres ci après :

Le *journal à souche,* pour l'enregistrement de toutes les recettes et pour la délivrance des quittances aux parties versantes ;

Les *livres de détail,* dans lesquels les recettes et les dépenses relatives au service des communes sont classées par nature ;

Le *livre des comptes divers par service ;*

Le *carnet des titres de recettes et dépenses* à payer en plusieurs années ;

Le *livre récapitulatif ;*

Le *carnet d'achat des timbres mobiles.*

Toutes les recettes qui proviennent des revenus des communes et de produits divers communaux sont enregistrées au journal à souche.

Celles de ces recettes qui concernent les services pour lesquels il n'est pas tenu de livre de détail sont constatées immédiatement au compte ouvert à chaque service sur le livre des comptes divers. Les paiements faits pour ces mêmes services sont aussi constatés sur le livre des comptes divers, à mesure qu'ils ont lieu.

Les recettes et les dépenses qui appartiennent à des services dont les opérations exigent des livres de détail sont d'abord constatées sur ces livres et ne sont reportées qu'à la fin de la journée au compte général de chaque service sur le livre des comptes divers.

Les sommes enregistrées sur ce dernier livre sont enregistrées, chaque jour, dans les colonnes du livre récapitulatif qui sont destinées aux produits divers.

Des comptes de gestion.

Les receveurs municipaux sont tenus de rendre, chaque année, un compte de gestion pour leurs opérations de l'exercice clos.

Quel est le mode de formation des comptes de gestion ?

Le terme de la période pendant laquelle les recettes et les dépenses de chaque exercice doivent être exécutées est fixé au 31 mars de la seconde année de l'exercice.

La première année donne son nom à l'exercice. Les trois mois de la seconde sont accordés pour en compléter les faits.

Il s'ensuit que les receveurs ont à faire concur-
remment, *dans le cours de chaque année,* les opérations
complémentaires de l'exercice qui achève sa période
et les opérations de l'exercice qui a commencé avec
l'année courante.

En conséquence, leur *compte de gestion annuelle*
doit être divisé de manière à présenter, d'une part,
le compte final de l'exercice qui a achevé sa période
de quinze mois; de l'autre, le compte partiel de l'exercice dont les douze premiers mois sont écoulés.

Ce compte présente aussi, dans une partie distincte,
les recettes et les paiements que les receveurs sont
appelés à faire pour les divers services qui ne sont
pas de nature à affecter les budgets des communes.

Les comptes de gestion ainsi divisés ont pour point
de départ le solde des valeurs restant en caisse ou en
portefeuille au commencement de la gestion la plus
ancienne et celui des avances à recouvrer. La première partie du compte de cette gestion se borne à
rappeler le chiffre des opérations de recettes et de dépenses effectuées pendant les trois premiers mois sur
l'exercice qui était sur le point de se terminer, les-
dites opérations devant entrer dans la situation du
comptable au 31 décembre. La deuxième partie du
compte de la même gestion comprend les opérations
des douze premiers mois de l'exercice suivant. Enfin,
la première partie du compte de la nouvelle gestion

comprend les opérations des trois mois complémentaires de l'exercice qui s'achève.

Les comptes présentent ainsi les recettes et les dépenses d'un exercice entier. Ils ont pour résultat : 1° en ce qui concerne la *gestion*, c'est-à-dire les douze premiers mois de l'exercice réunis aux trois mois complémentaires de l'exercice précédent, le montant des valeurs qui représentent l'excédant des recettes au 31 décembre; 2° en ce qui regarde l'*exercice*, considéré dans son ensemble de quinze mois, un excédant, soit de recette, soit de dépense, égal à celui que présente le compte d'administration établi par le maire.

Prise en charge des revenus.

Le receveur doit se charger en recette de tous les revenus qui étaient à recouvrer d'après le budget ou les autorisations supplémentaires, sauf les exceptions dont il sera question plus loin.

Revenus fixes et revenus éventuels.

Ces revenus se composent de revenus fixes et de revenus éventuels.

Les premiers sont ceux dont la perception est faite en vertu de rôles, baux et actes d'adjudication, qui rectifient les fixations provisoires du budget, et c'est du montant de ces titres définitifs que les receveurs sont tenus de se charger en recette.

Les revenus de la seconde espèce sont ceux pour lesquels il n'existe qu'une évaluation au budget ; ils ne peuvent être définitivement connus qu'en fin d'exercice. Les receveurs doivent réclamer de l'autorité administrative des certificats qui établissent les produits réels de chacun de ces revenus, et, ces certificats devenant ainsi titres définitifs, les receveurs se chargent des sommes qui y sont portées.

Des restes à recouvrer.

Les receveurs ne sont pas dans l'obligation de faire recette, dans leurs comptes, de la portion de revenus qui, par des circonstances imprévues et exceptionnelles dont ils justifieraient, n'aurait pu être recouvrée pendant le cours de l'exercice, et serait cependant susceptible de l'être dans l'exercice suivant ; tels sont, par exemple, les produits dont le recouvrement peut dépendre d'une procédure judiciaire, d'une succession non liquidée, ou de tout autre cas de force majeure.

Les receveurs font ressortir ces articles comme restes à recouvrer ; ils mentionnent, dans la colonne d'observations, les pièces justificatives des causes de retard, et sur le vu de ces pièces, l'autorité chargée de juger le compte rappelle, dans son arrêt, l'obligation qui est imposée au receveur d'en poursuivre la rentrée comme d'un produit applicable à l'exercice suivant et de s'en charger dans le prochain compte.

Des non-valeurs.

Quant aux restes à recouvrer dont les receveurs demanderaient l'allocation en non-valeurs en justifiant de l'insolvabilité des débiteurs, ou de la caducité des créances, il est procédé de la manière suivante : Lorsque le conseil municipal a, dans une délibération spéciale, proposé l'admission en non-valeur d'une partie ou de la totalité des restes à recouvrer dont la rentrée ne peut pas être opérée, et lorsque la délibération a été approuvée par le préfet, le receveur, en vertu de cette décision, déduit, dans son prochain compte, les sommes irrecouvrables du montant de celles qui sont à inscrire dans la colonne destinée à présenter le montant des titres et actes justificatifs de recettes ; il indique en outre, dans la colonne d'observations, le montant des non-valeurs ainsi constatées, afin que le conseil de préfecture ou la Cour des comptes puisse, au moyen de cette indication, faire, pour chaque non-valeur, l'application des pièces produites, et inscrire avec certitude, dans son arrêté ou arrêt, la disposition nécessaire pour déduire définitivement de l'actif la somme reconnue irrecouvrable.

Situation du comptable au 31 décembre. — Résultat final de l'exercice.

Les opérations des deux périodes de l'exercice clos, appuyées de toutes les justifications et disposées

d'une manière distincte, par gestion, sont suivies :
1º de la situation du comptable envers la commune
au 31 décembre, de telle sorte que l'excédant de recette à cette époque, étant reporté en tête du compte
suivant, les comptes sont liés les uns aux autres sans
interruption ; 2º du résultat final de l'exercice au
moment de sa clôture, lequel résultat est également
reporté en tête du compte suivant et compris dans
la situation du receveur au 31 décembre.

La situation du comptable au 31 décembre doit
présenter, d'une manière distincte, le solde relatif aux
services exécutés hors budget, et celui qui représente
les fonds appartenant à la commune.

Justifications à produire à l'appui des comptes.

Les comptes de gestion doivent être appuyés des
pièces justificatives de la recette et de la dépénse,
qui sont déterminées par les lois et règlements.

Par qui sont jugés les comptes de gestion ?

Les comptes de gestion des receveurs municipaux
sont jugés, savoir :

Par la Cour des comptes, pour les communes dont
les revenus excèdent 30,000 francs ;

Par les conseils de préfecture, pour les communes
dont les revenus n'excèdent pas 30,000 francs, sauf
recours à la Cour des comptes.

Présentation des comptes.

Le nombre d'exemplaires des comptes de gestion est fixé à quatre, savoir : 1° la minute, *timbrée*, à conserver par le comptable ; 2° une expédition à transmettre à la préfecture par l'entremise du maire ; 3° une expédition pour le conseil municipal ; 4° enfin, une expédition pour la Cour des comptes ou pour le conseil de préfecture.

Le timbre de la minute destinée au comptable est à la charge des communes.

Leur vérification par les receveurs des finances et leur examen par les conseils municipaux.

Les comptes sont, avant d'être soumis aux conseils municipaux, vérifiés et certifiés exacts dans leurs résultats par les receveurs des finances.

Le conseil municipal entend, débat et arrête les comptes du receveur, sauf règlement définitif par le conseil de préfecture ou par la Cour des comptes.

C'est dans la session ordinaire du mois de mai que le conseil municipal doit procéder à l'examen des comptes du receveur. En conséquence, les receveurs doivent, au plus tard le 15 avril, soumettre au visa du receveur des finances l'expédition destinée aux conseils municipaux, et celui-ci doit la renvoyer assez tôt pour qu'elle puisse parvenir aux maires avant l'ouverture de la session.

Aussitôt que la délibération du conseil municipal a été prise, le receveur retire une ampliation de cet acte et du compte d'administration du maire et il réunit ces éléments aux autres justifications qu'il doit produire à l'autorité chargée de l'apurement du compte.

Dans les dix jours qui suivent la session de mai, les receveurs municipaux font le dépôt, à la recette des finances, de la minute timbrée et d'une expédition de leurs comptes avec les pièces à l'appui, les délibérations des conseils municipaux, et les livres au moyen desquels les comptes ont été formés. Si ces comptes n'étaient pas parvenus dans le délai indiqué ci-dessus, le receveur des finances devrait les envoyer chercher par un exprès, aux frais du retardataire.

Après avoir reçu les pièces et les comptes, le receveur des finances procède à leur vérification approfondie.

Envoi des comptes à l'autorité chargée de les juger. — Délais.

Après avoir prescrit les régularisations nécessaires et consigné, s'il y a lieu, ses dernières observations à la suite du compte, le receveur des finances fait sans délai le dépôt ou l'envoi à la préfecture, d'une expédition des comptes avec toutes les autres justifications que le comptable doit produire. Conséquemment, tous les comptes d'une même perception, dont le jugement appartient au conseil de préfecture, font l'objet d'un seul envoi, qui doit avoir lieu après l'achèvement de leur vérification et *le 31 août au plus tard.*

Quant aux comptes dont le jugement appartient à la Cour des comptes, le receveur des finances les rend au comptable, qui doit adresser lui-même l'expédition, avec toutes les pièces justificatives, au greffier en chef de la Cour des comptes. Il lui est donné décharge de cette présentation, qui doit toujours avoir lieu *avant le 31 août de l'année pendant laquelle le compte est rendu.*

Le receveur doit donner avis au procureur général près la Cour des comptes de l'envoi qu'il fait de son compte au greffier en chef de cette Cour.

A quelle pénalité s'exposeraient les comptables en retard ?

En cas de retard dans la présentation de leurs comptes, les receveurs municipaux peuvent être condamnés, par l'autorité chargée de les juger, à une amende de 10 francs à 100 francs, par chaque mois de retard, pour les receveurs justiciables des conseils de préfecture, et de 50 à 500 francs, également par mois de retard, pour ceux qui sont justiciables de la Cour des comptes. Ces amendes sont attribuées aux communes que concernent les comptes en retard.

Jugement des comptes.

Les comptes présentés dans les délais prescrits doivent être jugés avant l'époque fixée pour la présentation des comptes de l'année suivante.

Notification des arrêts ou arrêtés rendus sur les comptes.

Les arrêts de la Cour des comptes et les arrêtés des conseils de préfecture sur les comptes des receveurs municipaux sont notifiés, par l'entremise des receveurs des finances, dans un délai de quinze jours à dater de la réception des expéditions des arrêts ou arrêtés.

Exécution des arrêts ou arrêtés rendus sur les comptes.

Les charges ou *injonctions* que les arrêts ou arrêtés imposent aux comptables doivent être exécutées dans le délai de deux mois, à partir du jour de la notification.

Arrêts et arrêtés provisoires et définitifs.

Les comptables n'étant admis à discuter, ni en personne ni par ministère d'avocat, les articles de leurs comptes, il en résulte qu'à défaut de débat contradictoire le premier arrêt ou arrêté rendu sur un compte est toujours provisoire.

S'il n'a pas été exécuté ou contredit dans le délai de deux mois, l'autorité dont il émane peut rendre, à l'expiration de ce délai, un arrêt ou arrêté définitif qui met à la charge du comptable, par des forcements de recettes ou des rejets de dépenses qu'elle prononce, les sommes ou une partie des sommes qui ont fait l'objet des charges ou injonctions contenues dans le premier arrêt.

Le montant du débet ainsi constaté doit être versé en capital et intérêts immédiatement après la notification de l'arrêt définitif, à peine d'y être contraint par les voies de droit.

Quelles sont les voies de recours contre les arrêts et arrêtés rendus sur les comptes ?

Les arrêtés des conseils de préfecture et les arrêts de la Cour des comptes peuvent être attaqués :

1° Par la voie du pourvoi devant la juridiction supérieure ;

2° Par la voie de la révision devant les premiers juges.

Pourvoi. — Les comptables peuvent se pourvoir contre les arrêtés ou arrêts définitifs, devant une juridiction supérieure.

Les pourvois en appel devant la Cour des comptes contre les arrêtés définitifs de règlement de compte pris par les conseils de préfecture doivent être formés *dans les trois mois de la notification* de ces arrêtés.

Il ne peut être formé de pourvoi devant le Conseil

d'État contre les arrêtés de la Cour des comptes que pour violation des formes ou de la loi. Ce pourvoi doit être introduit *dans les trois mois de la notification de l'arrêt* et conformément au règlement sur le contentieux du Conseil d'État.

RÉVISION. — Les comptables peuvent demander, devant les premiers juges, la révision des arrêts ou arrêtés définitifs, mais seulement pour erreurs, omissions, faux ou double emploi reconnus par la vérification d'autres comptes, et à raison de pièces justificatives recouvrées depuis l'arrêt ou l'arrêté.

Lorsqu'il s'agit d'un arrêt de la Cour des comptes, la demande doit être adressée au premier président de cette Cour ; s'il s'agit de la révision d'un arrêté du conseil de préfecture, la demande est adressée au préfet, qui demeure chargé de saisir le conseil de préfecture de la réclamation.

Dans le cas où les demandes en révision par les premiers juges sont rejetées, ou s'il y a contestation sur l'arrêt de révision comme sur les résultats de l'arrêt primitif, les parties intéressées ont le droit de recours en appel, c'est-à-dire :

Que les receveurs justiciables du conseil de préfecture peuvent se pourvoir devant la Cour des comptes ;

Et que le pourvoi des receveurs justiciables de cette Cour contre ses arrêts doit être porté devant le Conseil d'État, lorsqu'ils se croient fondés à attaquer l'arrêt de la Cour pour violation des formes ou de la loi.

Les pourvois n'ont pas d'effet suspensif, à moins toutefois qu'il n'en soit ordonné autrement par l'autorité saisie.

SIXIÈME PARTIE

COMPTABILITÉ DES ÉTABLISSEMENTS DE BIENFAISANCE

———

Quel est le mode de comptabilité des établissements de bienfaisance ?

Les règles de la comptabilité des communes s'appliquent aux établissements de bienfaisance en ce qui concerne la division et la durée des exercices, la spécialité et la clôture des crédits, la perception des revenus, l'ordonnancement et le paiement des dépenses, le mode d'écritures et de comptes ainsi que la formation et le règlement des budgets.

Comment se divisent les recettes des hospices et autres établissements de bienfaisance ?

Les recettes des hospices et autres établissements de bienfaisance sont divisées, comme celles des communes, en recettes ordinaires et recettes extraordinaires.

Comment divise-t-on les dépenses ?

Les dépenses des hospices et autres établissements de bienfaisance sont divisées également en *dépenses ordinaires* et *extraordinaires*.

Quelles sont les règles relatives au budget ?

Le budget des recettes et des dépenses à effectuer pour chaque exercice est délibéré par les commissions administratives ; il est soumis au conseil municipal et arrêté par le préfet, s'il s'agit d'un hospice, et par le sous-préfet de l'arrondissement, s'il s'agit d'un bureau de bienfaisance.

Qui est chargé de l'ordonnancement des dépenses ?

Les commissions administratives des établissements de bienfaisance désignent un de leurs membres, lequel, sous le titre d'ordonnateur, est exclusivement chargé de la délivrance des mandats aux créanciers de l'établissement pour les dépenses régulièrement autorisées.

A qui est confiée la gestion financière ?

La gestion financière des hospices et des bureaux de bienfaisance dont les revenus n'excèdent pas 30,000 francs est confiée de droit au receveur municipal.

Au-dessus de cette limite, le receveur municipal peut être appelé à la gestion des établissements de bienfaisance, en vertu du consentement des administrations respectives.

Lorsque les recettes de l'hospice réunies à celles du bureau de bienfaisance de la même ville excèdent 30,000 francs, la gestion peut en être confiée à un receveur spécial.

Par qui sont examinés et jugés les comptes des receveurs ?

Les comptes des receveurs sont soumis à l'examen de la commission administrative et aux délibérations du conseil municipal.

Les dispositions concernant la juridiction des conseils de préfecture et de la Cour des comptes sur les comptes des receveurs municipaux sont applicables aux comptes des receveurs des hospices et autres établissements de bienfaisance.

A quelle époque doivent-ils être présentés pour être jugés ?

Comme les comptes des receveurs des communes, ceux des receveurs des hospices et autres établissements de bienfaisance doivent être présentés à l'autorité chargée de les juger, avant le 31 août de l'année qui suit celle pour laquelle ils sont rendus.

Quelles sont les voies de recours des comptables contre les arrêts ou arrêtés rendus sur leurs comptes ?

Les voies de recours ouvertes aux comptables contre les arrêts ou arrêtés rendus sur leurs comptes sont les mêmes que pour les receveurs municipaux.

NOTE SUR LES MUTATIONS[*]

Nous avons fait connaître l'objet de chacune des contributions directes, les éléments des cotisations individuelles et la manière de les constater, la marche à suivre pour la répartition générale de l'impôt et les procédés à employer pour déterminer la cote de chaque contribuable et former le premier rôle. Mais la matière imposable est essentiellement mobile, l'impôt d'ailleurs est annuel et il doit être fait chaque année un nouveau rôle. Il n'est pas nécessaire pour cela de recommencer tous les ans la série complète des opérations qui ont été décrites. On se sert pour l'établissement de chaque nouveau rôle des résultats antérieurement constatés, en y opérant les modifications nécessitées par les changements sur-

[*] Notre *Manuel* n'eût pas rempli notre but sans l'addition de cette note. Nous avons voulu, avant tout, faire un livre qui servît non-seulement aux candidats, mais encore aux surnuméraires percepteurs; c'est pour ce motif que, sortant souvent des limites du programme, nous avons donné à la partie administrative certains développements qu'exigeait l'exécution de notre plan d'ensemble. La note sur les mutations est le complément nécessaire de notre travail à ce point de vue.

venus dans les contributions et dans la matière imposable. La constatation de ces changements, qui constitue l'une des attributions les plus importantes des agents de l'administration des contributions directes, est ce que l'on appelle le travail des *mutations*.

Nous allons suivre ce travail par nature de contribution.

Contribution foncière.

Le travail des mutations consiste à retrancher de l'article de matrice du propriétaire qui a fait une vente ou une cession à quelque titre que ce soit, la propriété vendue ou cédée, et à ajouter cette propriété à l'article du nouveau possesseur, s'il est déjà inscrit à la matrice, et dans le cas contraire, à lui ouvrir un article.

Tout propriétaire intéressé à une mutation est invité à en faire la déclaration.

Tant que la mutation n'est pas effectuée, l'ancien propriétaire continue d'être imposé au rôle, et lui ou ses héritiers peuvent être contraints au paiement de l'imposition foncière, sauf leur recours contre le nouveau propriétaire.

Les déclarations de mutation sont reçues au vu de la matrice cadastrale, du plan et des états de sections déposés dans la commune, pièces au moyen desquelles on constate l'identité des parcelles, objet des mutations.

Les déclarations de mutation sont constatées au moyen d'extraits de la matrice appelés feuilles ou déclarations de mutations, sur lesquels on porte les indications suivantes :

Le nom de la commune ;

L'année de la mutation ;

Le nom du vendeur ou cédant, avec le folio de la matrice cadastrale et l'article de la matrice générale ;

Le nom du nouveau propriétaire, avec le folio de la matrice cadastrale et l'article de la matrice générale s'il est déjà inscrit sur les matrices ;

La désignation cadastrale complète, c'est-à-dire la section, le numéro du plan, le lieudit, la nature de culture, la contenance, la classe et le revenu de la parcelle ou des parcelles objet de la mutation ;

Les causes des mutations et, autant que possible, la date des décès, mariages, ainsi que la nature et la date des actes translatifs de propriété qui y donnent lieu.

Lorsqu'un propriétaire vend ou cède à plusieurs, il est rédigé une feuille de mutation particulière par acquéreur ou cessionnaire. En d'autres termes, chaque feuille ne doit comprendre que des parcelles transférées d'un même article à un même propriétaire.

Si une parcelle est divisée, on n'inscrit sur la feuille de mutation relative à chaque acquéreur que la portion qui lui appartient. La réunion des différentes fractions doit toujours reproduire le total de la contenance et du revenu attribués sur la matrice à la parcelle entière.

Dans le cas où les déclarations des parties donneraient une contenance supérieure ou inférieure à celle de la matrice, la différence serait répartie entre les copartageants proportionnellement aux contenances particulières réclamées par chacun d'eux.

Si l'ancien propriétaire conserve une portion de parcelle affectée de mutation, la ligne que cette parcelle occupait primitivement sur la matrice devant disparaître et être remplacée à la fin de l'article par une ligne présentant seulement la fraction restante du numéro divisé, la parcelle entière est transcrite sur les feuilles de mutation en considérant l'ancien propriétaire comme acquéreur de lui-même pour la portion qu'il conserve.

Le revenu des parcelles divisées est partagé proportionnellement à la contenance. Toutefois, si une parcelle renferme plusieurs classes, les copartageants peuvent convenir de la portion de revenu qui sera attribuée à chacun d'eux, sans cependant que ce revenu puisse être supérieur à celui qui résultait de l'appréciation de la classe la plus élevée de la parcelle, ni inférieur à celui que donnerait l'application de la classe la moins élevée.

Lorsque la totalité d'un article de matrice passe à un propriétaire nouveau, son nom doit simplement être substitué à celui de l'ancien propriétaire, et au lieu de transcrire sur la feuille de mutation le détail des parcelles, on se borne à y indiquer le total de la contenance et du revenu de l'article.

Pour les mutations de propriétés bâties, on indique sur les extraits de matrice la nature et le nombre des ouvertures afférentes aux propriétés mutées.

Dans le cas où la mutation résulte d'un acte notarié, d'un écrit sous seing privé enregistré, ou d'un fait authentiquement constaté, tel qu'un décès, un mariage, etc., la feuille de mutation peut être rédigée à la demande d'une seule des parties ou d'un tiers, et il n'est pas même rigoureusement nécessaire que la feuille soit signée par les intéressés.

. A défaut de la production d'un titre, la mutation ne peut être constatée que sur la demande de toutes les parties intéressées qui doivent alors signer l'extrait de matrice.

On peut opérer à la requête d'une seule des parties les mutations qui ont pour objet de transporter au propriétaire d'un bâtiment le sol sur lequel il est construit, ou de retirer une parcelle d'un article de matrice où elle a été indûment inscrite, pour la reporter à son véritable propriétaire. Dans ce cas, la feuille de mutation doit être signée du requérant et des répartiteurs.

Les propriétaires sont autorisés à se faire représenter pour les mutations par un mandataire à qui ils peuvent donner leur délégation par une simple lettre.

Quand un propriétaire ne sait pas signer, il en est fait mention sur la feuille de mutation, et le maire certifie cette mutation.

Les pertes et les accroissements de matière imposable sont constatés dans la forme des mutations ordinaires.

Pour les pertes, on inscrit dans la partie de la feuille de mutation qui doit présenter le nom du nouveau propriétaire les mots : *non imposable.*

Pour les accroissements, on inscrit dans la partie de la feuille qui doit présenter le nom de l'ancien propriétaire les mots : *non imposé,* et l'on donne dans le corps de la feuille les désignations nécessaires pour que la propriété nouvelle puisse être régulièrement inscrite sur la matrice.

Les feuilles de l'espèce doivent toujours être signées par les répartiteurs, elles tiennent lieu de la matrice particulière qui doit être rédigée pour l'imposition des propriétés nouvellement passibles de la contribution foncière.

Les contrôleurs des contributions directes doivent

provoquer la déclaration des mutations et inviter les propriétaires à fournir tous les renseignements nécessaires pour qu'elles puissent être régulièrement opérées.

Pour faciliter aux contrôleurs l'accomplissement de cette partie de leurs obligations, les receveurs de l'enregistrement tiennent à leur disposition les registres sur lesquels ils relèvent les actes translatifs de propriété.

Les percepteurs sont adjoints aux contrôleurs pour la réception des déclarations de mutations de propriétés à opérer annuellement dans les rôles de la contribution foncière, et pour la rédaction des extraits de matrice indiquant les parcelles qui sont l'objet de mutations.

Contribution personnelle-mobilière.

Le travail des mutations consiste :

Dans la recherche des individus qui ont cessé d'être imposables pour cause de décès, départ, indigence, etc.;

Dans la recherche de ceux dont les bases de cotisation ont besoin d'être modifiées, soit parce qu'elles avaient été mal établies, soit parce que les imposés ont changé de logement et pris des habitations d'une valeur locative plus élevée ou plus faible, et dans la constatation des modifications à opérer;

Enfin, dans la recherche des nouveaux contribuables, tels que : habitants venus du dehors, indigents
ayant acquis des moyens suffisants d'existence, nouveaux mariés, etc., et dans l'évaluation de leurs bases
de cotisation.

Dans les communes rurales et dans les villes peu
importantes, le travail se fait d'après les notes four-
nies par le percepteur, d'après les renseignements
divers recueillis par le contrôleur, et surtout d'après
ceux que fournissent immédiatement les répartiteurs
sur l'appel qui leur est fait par le contrôleur de tous
les articles de la matrice générale.

Le travail se résume en un état présentant, pour
chaque article susceptible d'être modifié, les noms
des contribuables et les bases de cotisation anciennes
et nouvelles.

Cet état, qui a pour titre : *État des changements à
opérer sur la matrice générale aux articles des contribuables passibles de la contribution personnelle-mobilière,* est arrêté par le maire, les répartiteurs et le
contrôleur et signé par le percepteur.

Dans les villes importantes, le contrôleur procède
chaque année au recensement à domicile des contribuables imposables, et rédige une matrice spéciale
qui sert de base pour la formation du rôle de l'année
suivante.

Contribution des portes et fenêtres.

Le travail des mutations consiste à relever les changements constatés sur les feuilles de mutation relatives à la contribution foncière et sur l'état des constructions nouvelles et des démolitions; à ajouter à ces changements ceux qui doivent être effectués pour la rectification des erreurs qui peuvent avoir été reconnues dans la matrice, soit d'après les notes du percepteur, soit d'après les réclamations des contribuables, les investigations des répartiteurs et du contrôleur.

Ce travail se résume, de même que pour la contribution personnelle et mobilière, en un état de changements présentant, pour tous les articles susceptibles d'être modifiés, les noms des contribuables et les bases de cotisation anciennes et nouvelles.

L'état est arrêté par le maire, les répartiteurs et le contrôleur et signé par le percepteur.

Contribution des patentes.

Il n'est point dressé d'état de changements.

Le contrôleur procède, chaque année, à un recensement à domicile et à la rédaction d'une nouvelle matrice spéciale

TABLE DES MATIÈRES.

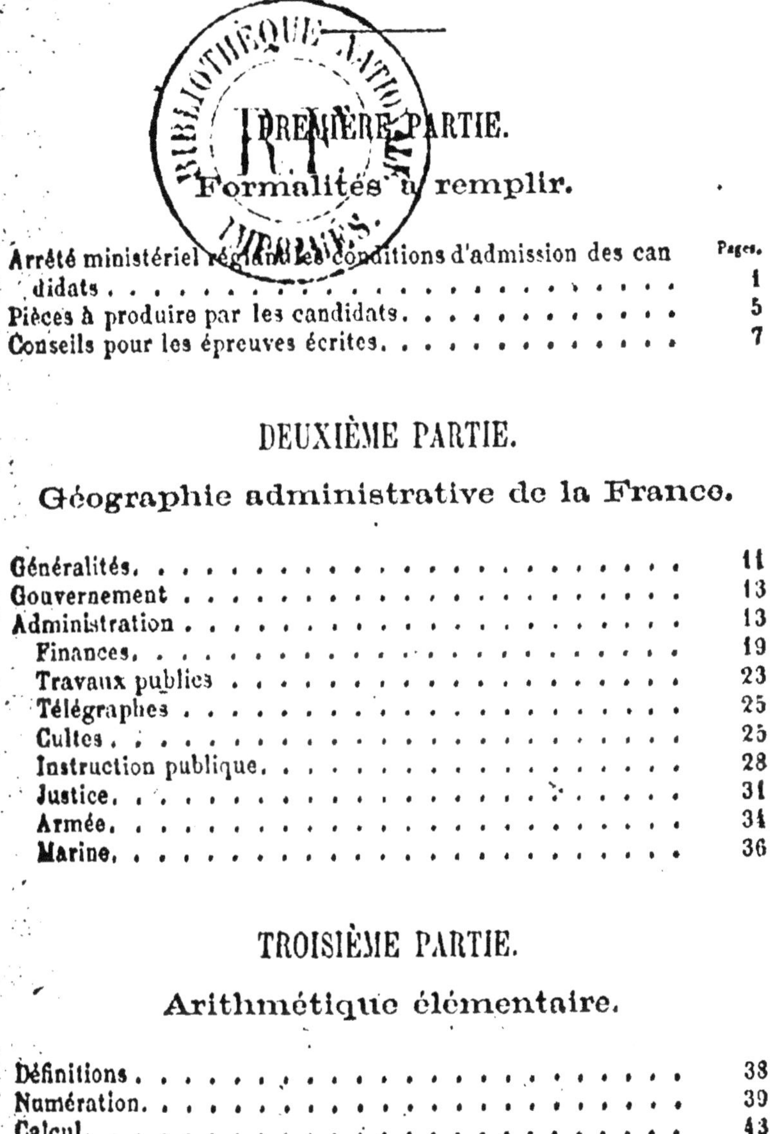

PREMIÈRE PARTIE.

Formalités à remplir.

DEUXIÈME PARTIE.

Géographie administrative de la France.

TROISIÈME PARTIE.

Arithmétique élémentaire.

QUATRIÈME PARTIE,

Notions sur l'assiette et le recouvrement des impôts directs.

CINQUIÈME PARTIE.

Notions élémentaires de comptabilité communale.

SIXIÈME PARTIE.

Comptabilité des établissements de bienfaisance.

Note sur les mutations.

Nancy, impr. Berger-Levrault et Cie,

ERRATUM

Page 176, ligne 21, au *lieu de :* les préfets, *lisez :* le préfet.

www.ingramcontent.com/pod-product-compliance
Ingram Content Group UK Ltd.
Pitfield, Milton Keynes, MK11 3LW, UK
UKHW020136130726
13696UKWH00001B/382

9 782019 140052